आधुनिक कार्यालय सहचर

Modern Office Companion

AF756540

Ram Kumar Singh

BA English (Hons.), MA in English,
MA in Hindi, MA in Sanskrit,
MA in Translation Studies, PGDT, BFA,
CFE, CIC, UGC NET in Hindi

BOOKS CLINIC

India's Fastest Growing Self Publishing House

Booksclinic Publishing

-----------------------------**Contact Us At**-----------------------------

Call or Whatapp @ 8965949968 or Mail @ publish@booksclinic.com

Website: - **www.booksclinic.com**

B.D. Complex, Near Tifra Over Bridge, Bilaspur, Chhattisgarh, India, 495001

Publisher: Booksclinic Publishing
Edition: First Edition — March 2021
ISBN: 978-93-90871-77-3

Genre: Academic

आधुनिक कार्यालय सहचर

Modern Office Companion

सभी सरकारी कार्यालयों (केन्द्र सरकार/राज्य सरकार), सभी सरकारी संस्थानों में हिन्दी कार्यशालाओं के अतिरिक्त यू.पी.एस.सी., पी.सी.एस., एस.एस.सी., रेलवे, बैंकिंग, अनुवादक, प्राध्यापक (हिन्दी शिक्षण योजना), प्रबंधक (राजभाषा) एवं अन्य सभी मुख्य भर्ती प्रतियोगिता परीक्षा के लिए सर्वाधिक उपयोगी पुस्तक ।

लेखक

राम कुमार सिंह

पूर्वपीठिका

भाषा विचारों के सम्प्रेषण का माध्यम है जो समाज सापेक्ष होती है। समाज में अनेकों प्रकार की गतिविधियाँ होती है जो भाषा के माध्यम से संचालित होती है। मौखिक, ताम्रपत्र, कागज और आज के इस कम्प्यूटर युग में भाषा ने नित नये रूप में अपना परिचय समाज को दिया है। आज की कार्यालय ई-कार्यालय बन चुकी है ऐसे में भाषा और दफ्तर का संबंध और भी अटूट हो गया है। मेरी यह पुस्तक “आधुनिक कार्यालय सहचर” उन सभी पाठकों को समर्पित है जो किसी सरकारी कार्यालय में है या नौकरी में आना चाहते हैं और विशेषकर उनके लिए जो प्रतियोगिता परीक्षा की तैयारी करते हैं। यह पुस्तक सरकारी कार्यालय में कार्यरत सभी कर्मियों के लिए चाहे वे भारत सरकार के कर्मी हैं या किसी राज्य सरकार के सभी के लिए समान रूप से उपयोगी है।

भारतीय संविधान ने जो हिन्दी को राजभाषा का दर्जा देकर विभूषित किया है, और सभी सरकारी अधिकारी और कर्मचारी ने जिस तत्परता से इसे अंगीकार कर अपने कार्यालय में हिन्दी में कार्य करने की वचनबद्धता को पूर्ण किया है वह अपने आप में अप्रतिम है। इसके बावजूद कुछ कार्यालयों में विशेषकर नई दिल्ली और दक्षिण भारत, पूर्वोत्तर भारत तथा जम्मू-कश्मीर में राज-काज अर्थात सरकारी काम-काज की भाषा अंग्रेजी बनी हुई है। सबसे सराहनीय वाला राज्य/केन्द्र प्रशासित राज्य अण्डमान निकोबार द्वीप समूह है जिसने हिन्दी के अप्रतिम प्रयोग से अपने को हिन्दी भाषा-भाषी वाले राज्यों की श्रेणी में शामिल करवा लिया।

कार्यालय की सभी गतिविधियाँ प्रायः पूर्व नियोजित, योजनाबद्ध, समाविष्ट और विश्लेषित हुआ करती है जो लिखित रूप में होती है। पत्र-लेखन कला कार्यालय पद्धति का एक अनिवार्य अंग है। प्रारूपण और टिप्पणी लेखन कार्यालय का आधार स्तंभ है। मूल रूप से सबसे महत्वपूर्ण यह है कि कोई भी पत्र-लेखन स्पष्ट, असंदिग्ध, और संक्षिप्त ढंग का लिखा होना जरूरी है। बेढंगा, अव्यवस्थित, बिना कोई तारतम्य तरीके से लिखा गया कोई भी पत्र दूसरे के मन पर असर नहीं करता है और कार्य निष्फल हो जाता है। इसलिए कार्यालय में पत्र लेखन सबसे महत्वपूर्ण कार्य है और इस कार्य में दक्ष होने से आपकी पहचान सबसे पृथक होगी।

प्रथम संस्करण में यह पुस्तक आपके लिए कितना मददगार रहा और आपने क्या नया सीखा इसके बारे में अपनी सुझाव हमें ईमेल से दें ताकि मैं और भी बेहतर और प्रासंगिक बना सकूँ।
शुभकामनाओं के साथ।

— राम कुमार सिंह
(लेखक)

तिथि- 14 मार्च 2021
(फाल्गुन शुक्ल पक्ष प्रतिपदा विक्रम संवत 2077)

ईमेल- rks.olhindi@gmail.com
rksingh.mha@gmail.com
rks.mha@outlook.com
Mob. No.– 9608770532

विषय-सूची

1

ई-कार्यालय / eOffice

भारतीय अभिलेखागार के एक प्रशिक्षण सत्र में यह दिखाया गया था कि कैसे कोई अपने वास्तविक लाभ के लिए कार्यालयों के चक्कर काट-काट कर परेशान हो गया है और फिर भी उसका समाधान नहीं हुआ है। यह इसलिए होता था क्योंकि सरकारी दफ्तर के बाबूओं का फाइलों का रख-रखाव ऐसा था कि वह अपना रखा हुआ फाइल स्वयं ही नहीं ढुंढ़ पाते थे। नतीजा आम जनता या सेवानिवृत सरकारी सेवकों को झेलना पड़ता था।

परंतु ई-कार्यालय जो विश्वव्यापी कोरोना-19 महामारी के बाद बृहद् रूप से सरकारी कार्यालयों में लागू किया गया बहुत ही लाभकारी साबित हुआ। वैसे तो ई-कार्यालय की शुरूआत सन् 2009 में NIC द्वारा किया गया था जिसका उद्देश्य था कि सरकारी काम-काज में सुधार, प्रभावशाली, असरदार और पारदर्शिता तरीके से कार्यालय का आंतरिक और बाह्य सरकारी काम-काज सुचारू रूप से किया जा सके। ई-कार्यालय एक डिजिटल कार्यस्थल समाधान है जिससे

कागजरहित काम-काज को पारदर्शी तरीके, जिम्मेदारी और कुशलता के साथ किया जाता है। ई-कार्यालय से न केवल तेज गति और उत्पादकता बढ़ी है बल्कि तेजी से सूचना आदान-प्रदान और त्वरित कार्रवाई करने में भी गति आई है।

ई-कार्यालय के लाभ —

a. आसानी से आँकड़ों की प्राप्ति
b. फाइलों का आसानी से ट्रैकिंग
c. संगठन में सुगमता से पहुँच
d. आँकड़ों की सुरक्षा और अखण्डता
e. कागज का न्यूनतम प्रयोग
f. कहीं से भी और किसी भी समय आसानी से कार्य करने की सहूलियत।
g. MIS रिपोर्ट के माध्यम से निगरानी
h. पारदर्शिता
i. जबाबदेही

ई-कार्यालय के घटक —

1. eFile (eFile Management System)
2. eLeave (eLeave Mangement System)
3. eTour (eTour Manangement System)
4. SPARROW (Smart Performance Appraisal Report Recording Online Window)— Annual Performance Appraisal Report (APAR) Management System
5. PIMS (Personnel Information Management System)
6. KMS (Knowledge Management System)
7. PFMS

eOffice या ई-कार्यालय में मुख्य रूप से निम्नलिखित का ज्यादा प्रयोग होता है—

1. ई-फाइल प्रणाली
2. ई-अवकाश प्रणाली
3. स्पैरो (SPARROW)
4. व्यक्तिगत सूचना प्रबंधन प्रणाली
5. PFMS

Domain Name Registration

ई-कार्यालय को लागू करने के लिए सबसे पहले एक डोमेन की जरूरत होती है जिसका वेबसाइट —.eoffice.gov.in फॉरमेट में होती है उसे बनवाना पड़ता है जो NIC के ई-कार्यालय प्रोजेक्ट प्रभाग द्वारा DNS का पंजीकरण किया जाता है। केन्द्र सरकार के लिए राष्ट्रीय आँकड़े केन्द्र (NDC) द्वारा DNS पंजीकृत किया जाता हैं। यदि कोई राज्य सरकार अपना डोमेन बनवाती है तो इसे राज्य आँकड़े केन्द्र (SDC) या स्थानीय आँकड़े केन्द्र (LDC) द्वारा तैयार की जाती है ।

किसी राज्य सरकार का मुख्य लॉगइन पेज किसी केन्द्र सरकार के कार्यालय की तरह ही दिखता है।

****

2

ई-फाइल प्रबंधन प्रणाली

ई-फाइल प्रबंधन प्रणाली — वर्तमान में बदलते औद्योगिकी और सूचना प्रणाली के कारण आज हम परंपरागत फाइल के जगह ई-फाइल का प्रयोग कार्यालय में कर रहे हैं। यह पहले से ज्यादा सुगम और इसका रख-रखाव में भी कोई परेशानी नहीं है। किसी संचिका (मिसिल) को खोजना भी आसान है। प्रत्येक संचिका के गतिविधि पर नज़र रख सकते हैं। ट्रैकिंग करना बहुत ही आसान है पहले की तरह संचिका ढूँढ़ने में समय नहीं गँवाना पड़ता है। सरकारी प्रकिया में फाइल खोलना, फाइल में टिप्पणी करना, तथा पत्र के रूप में निर्णय का निर्गत करना अनिवार्य अंग है। फाइल और आवती (Files and Receipts) किसी भी सरकारी संगठन का महत्वपूर्ण संपत्ति है।

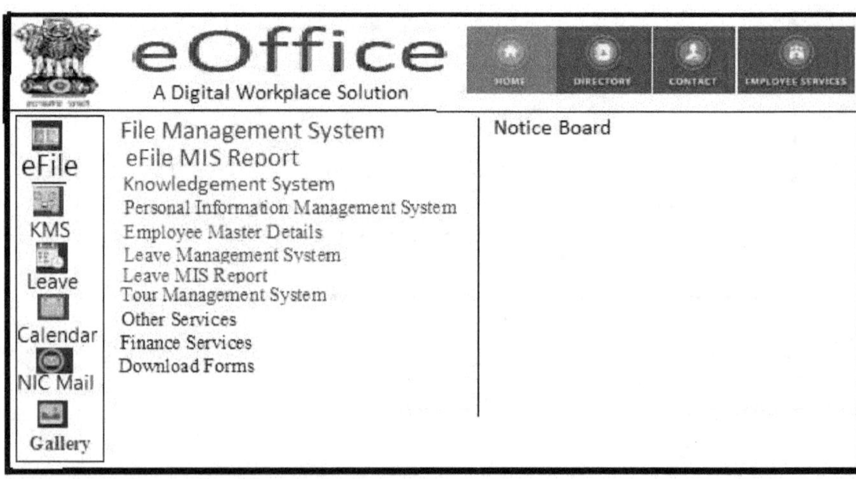

(लॉगइन करने के बाद जो स्क्रीन दिखाई देता है वह कुछ इस प्रकार का होता है)

आइए अब इस ई-कार्यालय के बारे में जानते हैं कि यह कैसे काम करता है।

सबसे पहले तो एक NIC ईमेल सबके पास होना जरूरी है। इसके बाद अपने संगठन का एक ई-कार्यालय के लिए एक अलग वेबसाइट ऐड्रेस होना जरूरी है। अब अपने वेबसाइट पर जाकर अपना ईमेल से लॉगइन करना होगा। पासवर्ड वही रहता है जो आपके ईमेल का है।

सबसे पहले बाईं तरफ के मेनू को देखते हैं जिसमें eFile, KMS, Leave, Tour, NIC Mail, Calender और Gallery है। इसके दाहिने तरफ भी एक eOffice Services के नीचे कुछ मेनू है जिसमें (1) File Management System, (2) eFile MIS Report, (3) Knowledgement System (4) Personal Information Management System (5) Employee Master Details, (6) Leave Management System, (7) Leave MIS Report (8) Tour Management System

स्पष्टत : इस प्रकार से दिखता है -

सत्यमेव जयते	eOffice A Digital Workplace Solution
Quote of the Week □	
eFile	File Management System
KMS	eFile MIS Report
Leave	Knowledgement System
Tour	Personal Information Management System
NIC Mail	Employee Master Details
Calender	Leave Management System
Gallery	Leave MIS Report
	Tour Management System
	Other Services
	Finance Services
	Download Forms

अब सबसे पहले कोई संचिका (मिसिल), बढ़ाने या प्रस्तुत करने के लिए पहले एक संचिका खोलना जरूरी है जिसके लिए eFile या File Management System पर क्लिक करते हैं। फिर File के आगे + चिह्न पर क्लिक करते हैं। क्लिक करने के बाद स्क्रीन पर कुछ इस तरह का उप मेनू दिखाई देगा—

eOffice A Digital Workplace Solution	
☰	eFile Version 5.6_03
Receipts +	
Files −	
➢ Inbox	➜ Submitted Files for Closing Approval
➢ Created	➜ Completed
➢ Parked	➜
➢ Bulk Closed	➜
➢ Closed	➜ By me ➜ Submitted Files for Reopening Approval
➢ RMS Inbox	➜
➢ Sent	➜
➢ Conversions	➜ Draft ➜ Completed
➢ Physical File	➜ Created New (Non SFS) ➜ Created New (SFS)
➢ Electronic File	➜ Created New (Non SFS) ➜ Created New (SFS)
➢ Create Part	
➢ Create Volume	

➢ Recyclebin	
➢ Initiated Action	
Migrate Files +	
Despatch +	
DSC +	
Settings +	
Notification +	
Audit +	

अब इलेक्ट्रोनिक फाइल दो तरीके से खोला जाता है। (1) Created New (Non SFS) (2) Created New (SFS).

SFS— का अर्थ है Single File System पहले तरीके में आपके विभाग का एक फाइल का चित्र दिखेगा जिसमें आपके विभाग का नाम, अधीनस्थ कार्यालय का नाम सबसे ऊपर में दिखेगा अगर भारत सरकार का कार्यालय है तो विभाग के नाम के ऊपर Govt. of India लिखा हुआ मिलेगा। स्क्रीन के सबसे ऊपर में दाईं तरफ उपयोगकर्ता का नाम पदनाम दिखेगा।

इसका एक लेआउट [चित्र— Create New (Non SFS)] को देखते हैं और समझते हैं कि यह होता कैसा है और इसमें क्या – क्या लिखा रहता है ।

सबसे पहले तो जब आप फाइल खोलते हैं तो उसमें सबसे ऊपर आप किस सरकार के कर्मचारी हैं वह लिखा रहता है फिर इसके नीचे आपके विभाग का नाम रहता है फिर इसके नीचे आपके अधीनस्थ कार्यालय का नाम रहता है।

अब ठीक इसके नीचे फाइल नंबर रहता है। इसके नीचे मध्य में विषय लिखा रहता है जिसमें यह फाइल किस नाम से खोलना है उसे नीचे विवरण में लिखा जाता है। अब आगे दो श्रेणी का ड्रॉप बॉक्स दिया गया है जिसमें से संबंधित मुख्य श्रेणि और विषय को चुनना होता है। फिर नीचे एक भाषा का ड्रॉप बॉक्स है जिसमें से उस भाषा का चयन किया जाता है जिसमें संचिका के भीतर समस्त कार्य लिखित रूप में किया जाना है।

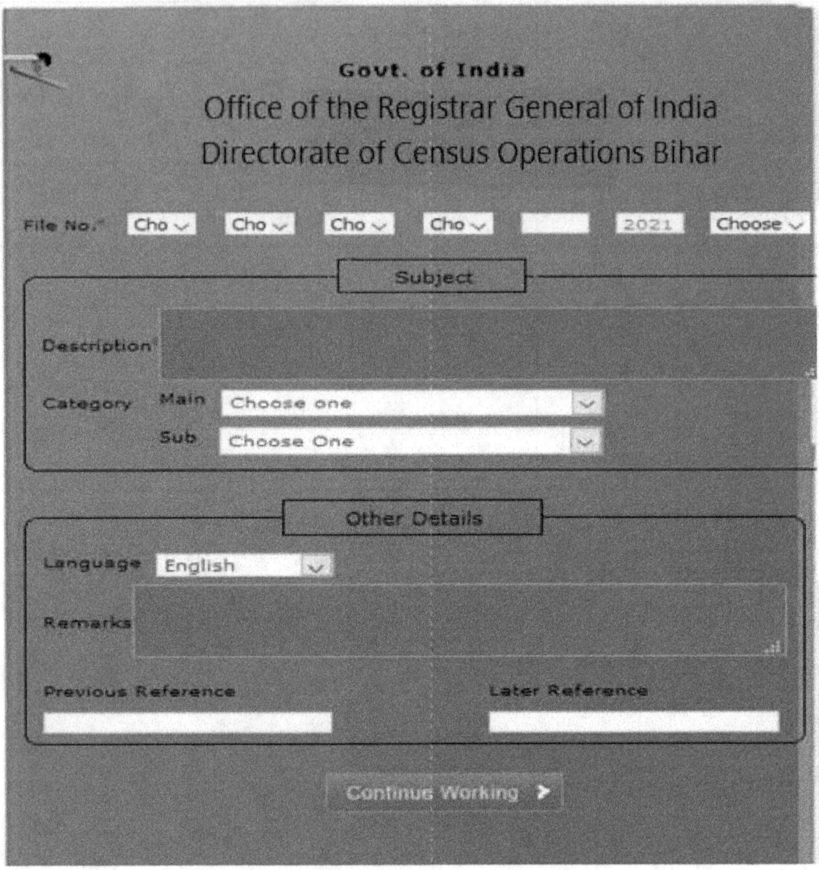

[चित्र— Create New (Non SFS)]

अब ऊपर के चित्र में देखिए – File No. के आगे सात Choose box बना हुआ है जिसमें से प्रत्येक में कुछ मेनू दिये गए हैं जिसके अगले Choose box में उप मेनू और इसी प्रकार आगे चयन करते जाते हैं और फाइल का संख्या प्राप्त हो जाता है। इसके नीचे Description है जिसमें संबंधित विषय का नाम लिखते हैं । वैसे बता दें कि फाइल खोलने का यह तरीका पूर्णतः कार्य नहीं करता है। हो सकता है आने वाल समय में इसमें सुधार हो और यह बिल्कुल कार्य करने लगे। परंतु अभी जो प्रथम दो ड्रॉप डाउन मेनू काम कर रहा है उसके सहायता से हमें फाइल संख्या लिखने के लिए वांछित आँकड़ें प्राप्त हो जाता है। जिसे हम फाइल संख्यांकन अनुक्रमणिका में विस्तृत रूप से देखेंगे कि कैसे नामाकरण और संख्यांकन किया जाता है।

फाइल खोलने का दूसरा तरीका -हम फाइल को खोलने के लिए Created New (SFS) पर क्लिक करते हैं। फिर स्क्रीन पर कुछ ऐसा दिखाई देगा-

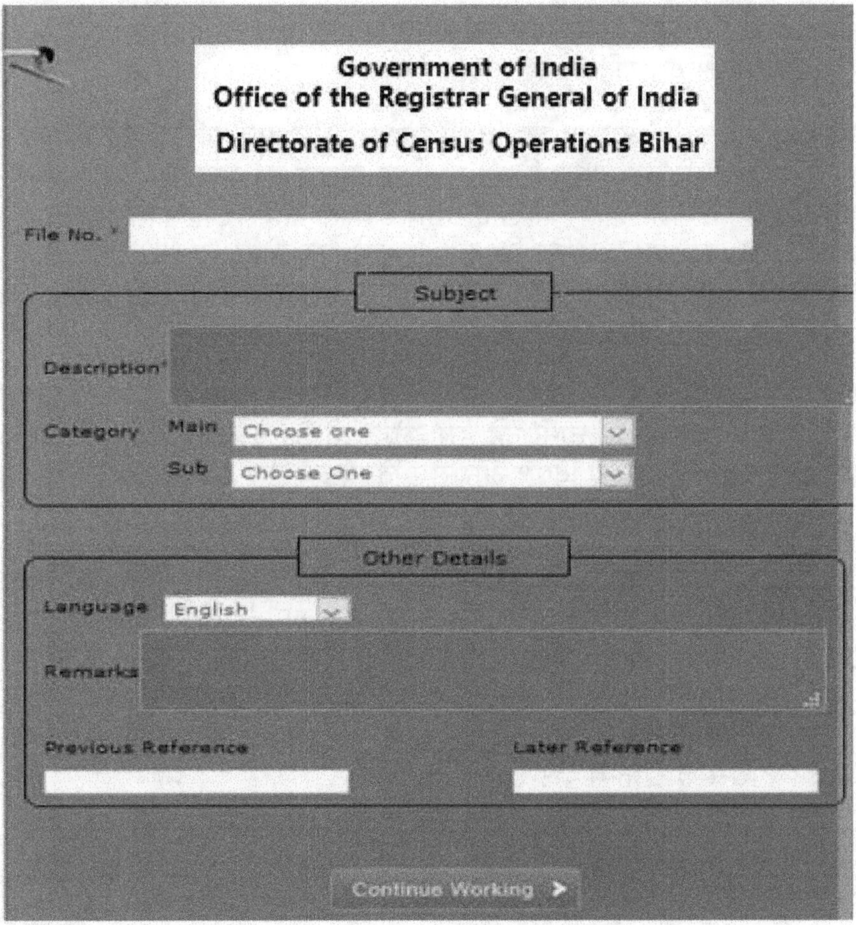

File No.— यहाँ हम फाइल संख्या को अंग्रेजी के बड़े अक्षरों में ही लिखेंगे क्योंकि जब कोई प्रारूप अनुमोदित और हस्ताक्षर होने का बाद प्रेषण संख्या डाली जाती है तो स्वतः एक प्रेषण संख्या बाईं ओर पड़ जाता है। परंतु हिन्दी में लिखे गए पत्रावली संख्या अर्थात क्रियात्मक समूह और अनुभाग का नाम आदि दिखाई नहीं देता है। इसके लिए जरूरी है कि अंग्रेजी अक्षरों का ही प्रयोग करें और क्रियात्मक समूह और अनुभाग का नाम हिन्दी के स्थान पर अंग्रेजी का प्रयोग में लाएँ। हाँ एक जरूरी चिज कि अगर आपको पता नहीं कि फाइल किस मुख्य शीर्ष और किस उप शीर्ष से खुलेगा तो उसके लिए आप पहले Created New (Non SFS) पर जाकर प्रत्येक बॉक्स में से वांछित सेलेक्शन कर

उसको अलग से कागज पर नोट कर लें और फिर अपना फाइल संख्या बना लें। संख्या का नम्बर देते समय ध्यान रखना जरूरी है कि मुख्य मेनू और उप मेनू के बीच शून्य अवश्य रहना चाहिए जो दोनों के अलगाव का बोध कराता है। विशेष जानकारी के लिए इस पुस्तक का 33 वाँ अध्याय संचिका संख्यांकन और इसका वर्गीकरण का अध्ययन किया जा सकता है।

विषय — पत्रावली (फाइल) का विषय संक्षिप्त और सार-गर्भित होना चाहिए। यहाँ हम पत्रावली पर विषय हिन्दी में लिख सकते हैं। पत्रावली का नाम ई-कार्यालय में भी उसी प्रकार दिखाई देगा। इसको यहाँ पर द्विभाषी लिखने की आवश्यकता नहीं है। क्योंकि द्विभाषी लिखने पर विषय लंबी होगी जो ई-कार्यालय में आधा ही दिखाई देगा। विषय के नाम में बाद में भी Edit कर सकते है परंतु File No. में नहीं।

श्रेणि — आगे श्रेणि में दो लाइन दिखाई देता है जिसमें पहला है मुख्य विषय दूसरा है उप विषय। इन दोनों को हम छोड़ देते हैं। क्योंकि अभी यह पूर्णतः कार्य नहीं करता है। मुख्य विषय और उप विषय को हम अंकों में ही समेट लेते हैं जिसे फाइल संख्या में क्रियात्मक समूह के बाद लिखते हैं।

अन्य विवरण — अन्य विवरण में पहले "भाषा" है जिसमें हम हिन्दी का चयन करेंगे। क्योंकि इससे संचिका में होने वाला समस्त कार्य हिन्दी में किया जाएगा। टिप्पणी (Remarks) में हम चाहें तो पत्रावली का विषय अंग्रेजी में लिख सकते हैं। पूर्ववर्ती और परवर्ती संदर्भ अगर कोई है अर्थात कोई संचिका का पूर्ववर्ती भाग है तो उसका जिक्र किया जा सकता है। इसी प्रकार परवर्ती संचिका का भी जिक्र संबंधित कॉलम के खाने में कर सकते हैं।

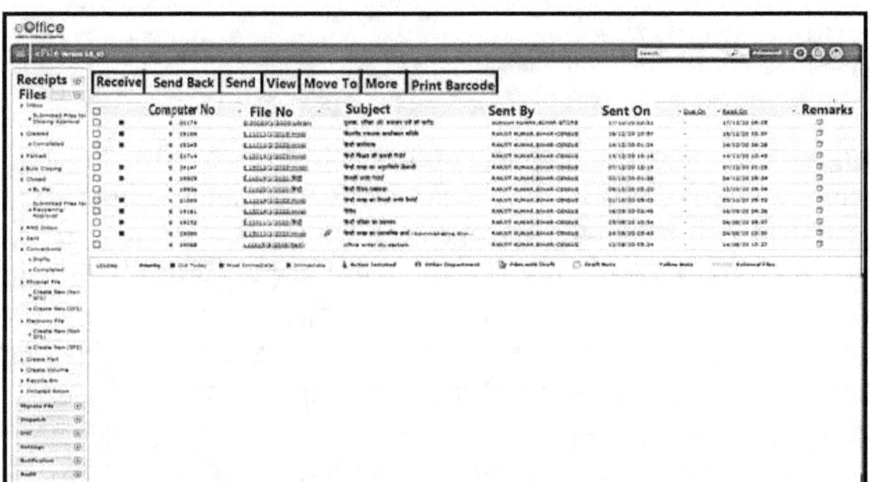

संचिका उपस्थापित करना— अब अगर कहीं से कोई फाइल आती है तो वह सबसे पहले Inbox में दिखाई देता है। परंतु जो फाइल हमने बनाया है वह पहले Created में दिखाई देगा। यदि कोई फाइल को हमें कुछ समय के लिए अलग रख देना हो तो उसे Park कर देते हैं यदि फिर से किसी पार्क किए गए फाइल को उसे आगे उपस्थापित करना हो तो More पर क्लिक कर Park File पर क्लिक करते हैं और संबंधित फाइल को पार्क में जाकर चेक बॉक्स में टिक लगाकर Unpark कर देते हैं तो वह फाइल सीधे Inbox में दिखाई देता है। Park और Unpark करते समय टिप्पणी लिखना पड़ता है, यह आवश्यक है। अब अगर कोई फाइल खोली गई है तो Created में जाकर देखते हैं। Created पर क्लिक करने पर दाहिने तरफ फाइल का विवरण दिखाई देने लगता है। फिर जिस फाइल को प्रस्तुत करना हो उस पर क्लिक करने पर फाइल दो भागों में खुल जाता है।

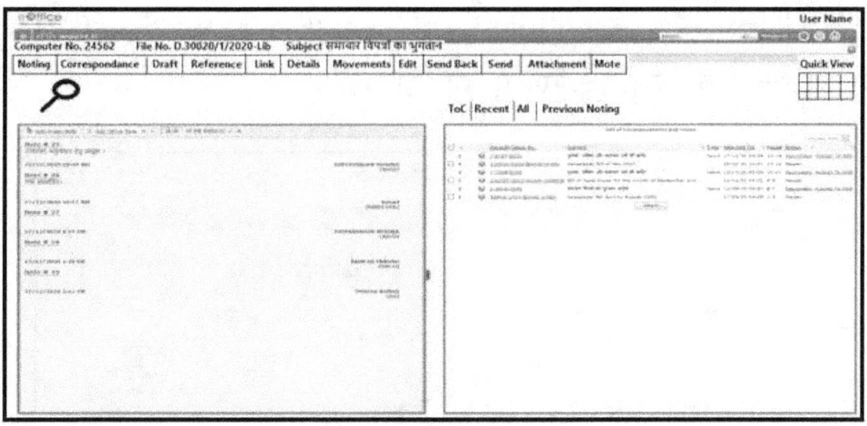

एक टिप्पणी भाग बाईं तरफ तो दूसरी ओर पत्राचार भाग जो दाईं तरफ है। अब टिप्पणी लिखते हुए उस संचिका से संबंधित अगर कोई आवती (Receipt) है तो उसे ToC में Attach करते हैं और यदि कोई प्रारूप (मसौदा) है तो उसे Draft पर क्लिक कर Create New Draft में जाकर तैयार किया हुआ प्रारूप (pdf रूप) को अपलोड कर सभी संगत खानों को भरने के बाद टिप्पणी लिखकर अपने ऊपर वरिष्ठ अधिकारी को Send कर देते हैं। प्रारूप को pdf के जगब अन्य रूप में भी तैयार कर सकते हैं जिसे आगे समझेंगे। अब संचिका को Send करने के लिए ऊपर के मेनू पंक्ति में Send पर क्लिक करते हैं। क्लिक करने के बाद अपने विभाग के सभी अधिकारी / कर्मचारी का नाम टाइप करने पर वह स्वतः आ जाता है जिसे चयन कर नीचे के खानों को जरूरत के हिसाब से भरते हुए नीचे में Send या eSign and Send जैसा लगे उससे भेज सकते हैं। भेजने के बाद यह फाइल संबंधित व्यक्ति के पास उसके Inbox में चला जाता है।

अगर ऐसा लगे कि कुछ लिखना छूट गया है या पुनः देखना है तो उसे अपने पास Pull back कर सकते हैं बशर्ते कि उस फाइल को संबंधित व्यक्ति ने नहीं खोला हो। यदि उसे संबंधित व्यक्ति ने खोल कर पढ़ा है तो उसे Pull back नहीं कर सकते हैं। फिर संबंधित व्यक्ति के द्वारा उचित टिप्पणी के साथ या तो वापस किया जा सकता है या अग्रेतर कार्रवाई के लिए संचिका अनुमोदन के लिए ऊपर के अधिकारी के पास भेज दिया जा सकता है।

अब देखते हैं कि बाईं तरफ टिप्पणी और दाईं तरफ ToC होता है जिसमें आवती (Receipt), कोई संबंधित कागजात आवती बनाकर संलग्न किया रहता है और अनुमोदित और हस्ताक्षरित प्रारूप संलग्न रहता है। प्रत्येक आवती और प्रारूप का विषय संक्षिप्त में लिखा जाता है जिसे संलग्न करने से पूर्व एक विवरण-फॉर्म भरकर पूर्ण किया जाता है, विवरण भरने के बाद प्रारूप का DFA संख्या या आवती का कम्प्यूटर संख्या स्वतः बन जाता है। इसके बाद नोट शीट भाग में टिप्पणी लिख कर आगे संबंधित अधिकारी के पास प्रस्तुत कर देते हैं।

ई-संचिका का प्रस्तुतिकरण में हरे टिप्पणी पृष्ठ का प्रयोग —

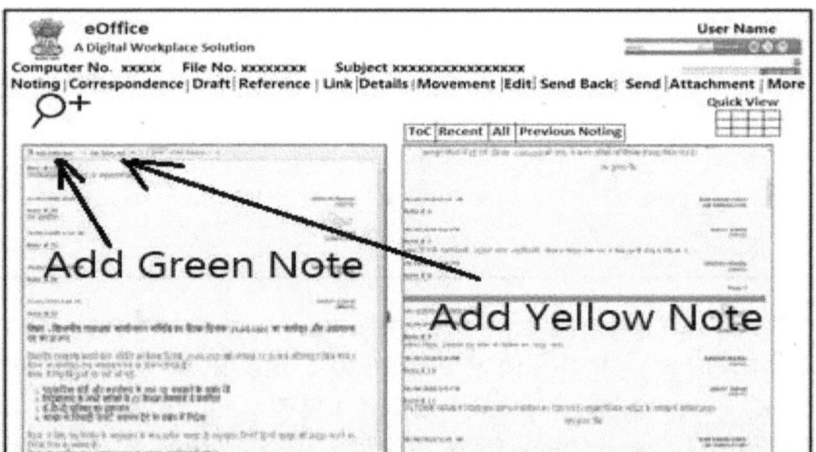

जिस फाइल को खोले हैं वह ऊपर के चित्र के अनुसार दिखता है। इसमें Add Green Note या Add Yellow Note पर क्लिक करके टिप्पणी लिखते हैं। यदि पहले का कोई पिछला टिप्पणी देखना हो तो दो तरीका है पहला टिप्पणी वाले भाग पर ही Back Arrow पर क्लिक कर देख सकते हैं, दूसरा तरीका है Toc से आगे एक विकल्प है Previous Noting का उस पर क्लिक करके पिछला टिप्पणी को देख सकते हैं जो कुछ ऊपर दिये गए चित्र के अनुरूप दिखता है।

अब देखते हैं कि किसी भी फाइल को खोलने पर पहले टिप्पणी वाला भाग खुलता है मगर Correspondance पर क्लिक करते ही फाइल का दोनों भाग दिखाई देता है। जिसमें टिप्पणी वाले भाग में ध्यान से देखते हैं कि टिप्पणी लिखने के लिए दो विकल्प दिया गया है अर्थात दो तरह का रंगीन कागज का प्रयोग करने के लिए उपलब्ध है। एक है Add Green Note दूसरा है Add Yellow Note पहले के परंपरागत पत्रावली/मिसिल में नोटिंग का पेज पीला ही रहता था। परंतु यहाँ पर दो रंग के दिखाई देते हैं। कार्य करने में हम किसी पर भी कार्य कर सकते हैं, हरा टिप्पणी पृष्ठ तो हमेशा हरा ही रहता है परंतु पीला टिप्पणी पृष्ठ जब प्रस्तुत करते हैं तो वह प्रस्तुत करते समय पीला वाला भाग स्वतः हरा हो जाता है जिसे हम आगे चित्र के माध्यम से देखेंगे।

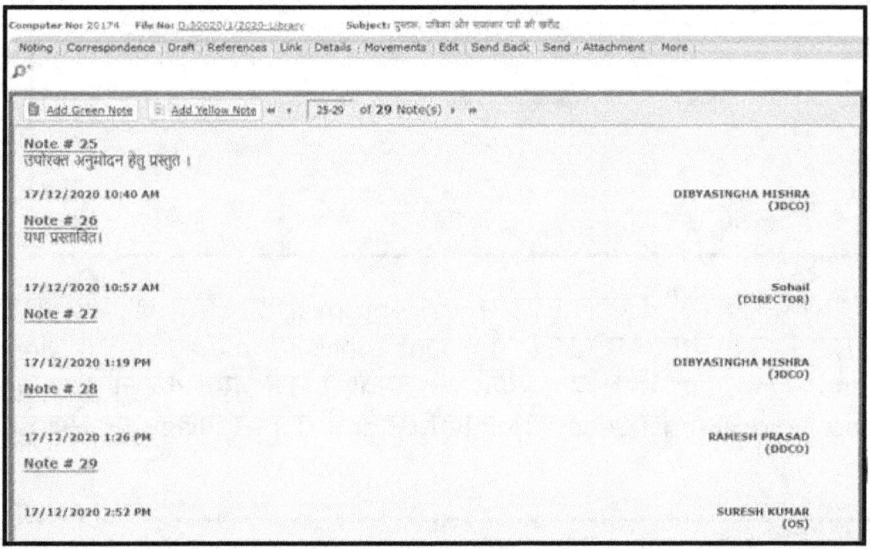

अब Add Green Note पर क्लिक करने पर नीचे टिप्पणी के लिए हरा पृष्ठ आ जाएगा जो ऊपर में छोटे आकार का दिखाई देता है और नीचे में बड़े आकार का दिखाई देता है। टिप्पणी का वह पृष्ठ जो छोटा दिखाई देता है उसी में टिप्पणी लिखा जाता है। टिप्पणी लिखने के बाद जिस अधिकारी के पास भेजना होता है उसे भेजने के लिए Send पर क्लिक करके Send to के आगे खाली बॉक्स में संबंधित व्यक्ति का नाम का कुछ भाग ही टाइप करने पर नाम स्वतः आ जाता है।

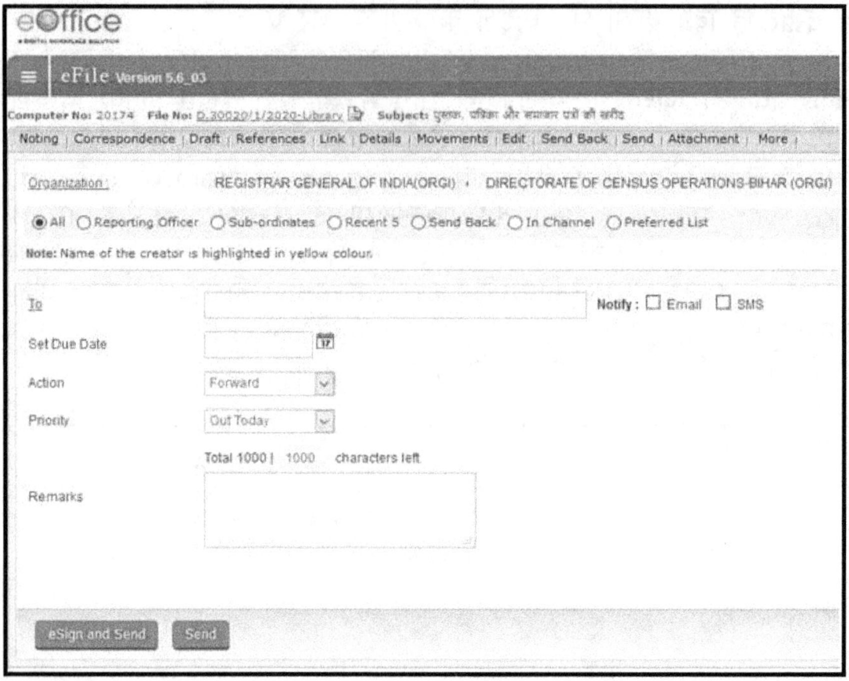

जिसे चयन कर नीचे के कॉलम में For Approval या उचित जो भी कारण लगता है उसे चयन कर उसके नीचे Out today या Immediate या Most Immediate कोई भी उचित स्थिति जो लगता है उसे चयन कर नीचे eSign and Send या केवल Send जो आपको लगता है उस पर क्लिक कर भेज देते हैं।

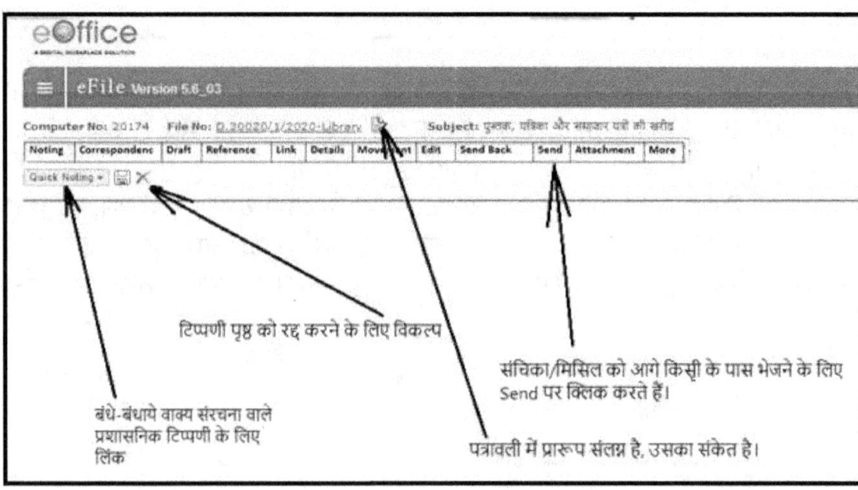

Sign के लिए Mozila Fire Fox के सहारा लेना पड़ता है Google Chrome से नहीं होता है। Sign आधार संख्या या आधार संख्या का VID (वर्चुअल आई डी) के द्वारा होता है जिसके लिए आधार से जुड़े मोबाइल पर OTP आता है उसे डालने के बाद Send करना होता है फिर वह फाइल संबंधित अधिकारी के पास eSign होकर चला जाता है। अगर डिजिटल हस्ताक्षर के साथ भेजा गया है तो अधिकारी के पास जब फाइल खुलेगी तो उसमें टिप्पणी के साथ भेजने वाले का नाम (अंग्रेजी में) दिखाई देगा जिसके समाने eSign लिखा मिलेगा। अगर बिना हस्ताक्षर के भेजा जाएगा तो उसमें टिप्पणी के साथ केवल भेजने वाले का नाम दिखाई देगा।

Add Yellow Note का प्रयोग —

अब यदि पीला नोटशीट का प्रयोग करना चाहते हैं तो आप कर सकते हैं। इसमें टिप्पणी लिखने के बाद ऊपर में Send बटन दिखता है जिस पर क्लिक करने पर वह नोटशीट पीले पेज पर ही संबंधित के पास जाने के प्रस्तुत हो जाएगा, अगर अधिकारी का नाम जिसे भेजना हो अगर उसका नाम सेलेक्ट कर भेज दिये तो वह उसी रंग में अर्थात पीले रंग में ही पहुँच जाएगा।

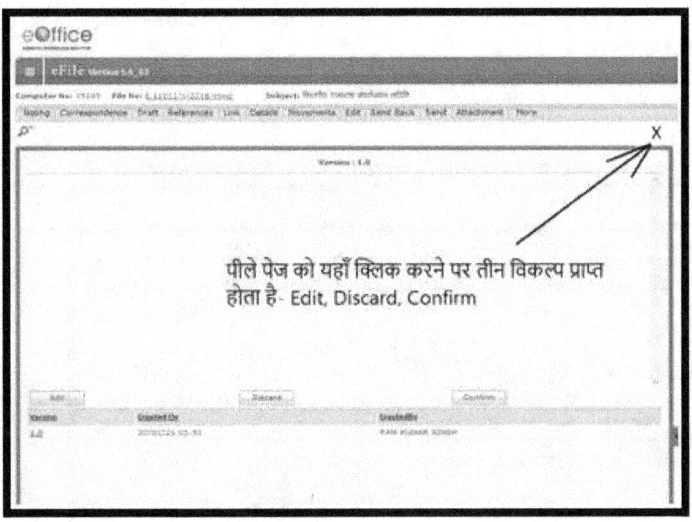

यदि आप चाहते हैं कि लिखा हुआ सामग्री को हरे नोट शीट पर भेजें और लिखा हुआ नोटिंग फिर से न लिखना पड़े तो उसे पहले Copy कर लीजिए, फिर कहीं अलग वर्ड फाइल पर Paste कर रख लेते हैं। इसके बाद ऊपर में दाईं ओर क्रॉस का चिह्न है उस पर क्लिक करने पर पीले वाला नोटशीट को हटाने के लिए क्लिक करते हैं। लेकिन इस स्थिति में यह स्वतः सुरक्षित (Save) हो जाता है।

यदि पीले नोट पेज को क्रॉस पर क्लिक कर हटा दिये हैं तो दुबारा जब उसी संचिका को खोलेंगे तो नोटिंग पेज पर तीन विकल्प मिलेंगे। Edit, Discard और Confirm यह तीन विकल्प में से यदि Confirm पर क्लिक करते हैं तो यह पीला नोट शीट स्वतः हरे नोट शीट में बदल जाता है। यदि Discard पर क्लिक करते हैं तो यह पीला नोट शीट और इसमें लिखी हुई सामग्री स्वतः समाप्त हो जाता है।

अब यहाँ पर Confirm पर क्लिक करने से पेज हरा हो जाएगा। इसके बाद संचिका किसे भेजी जानी है उसका नाम या ईमेल आई.डी. टाइप करके संबंधित को भेज देते हैं ।

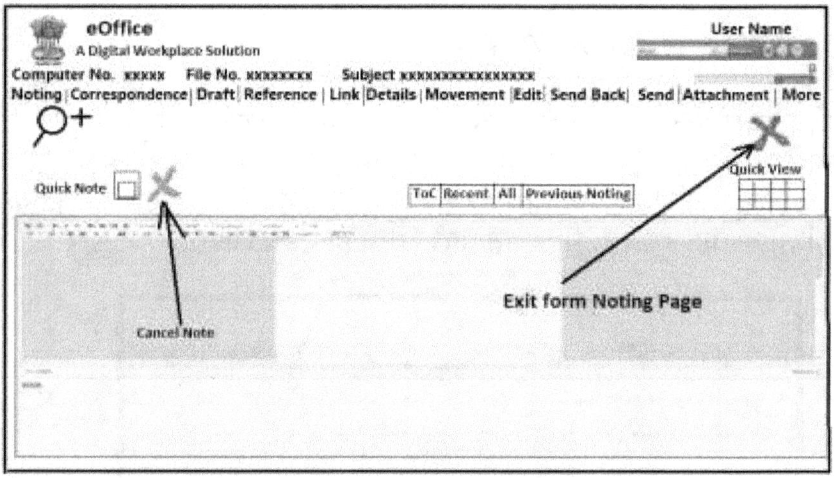

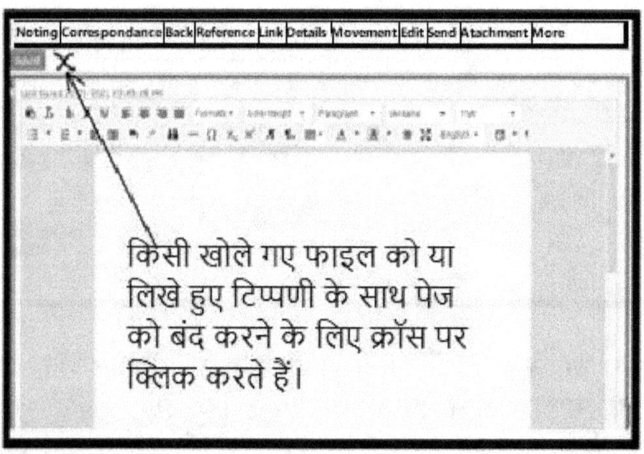

अगर किसी हरे नोट शीट पर लिखे गए टिप्पणी को बिल्कुल हटा देना चाहते हैं और इससे बाहर निकलना चाहते हैं तो नोट शीट के ऊपर बायें तरफ क्रॉस का चिह्न है उस पर क्लिक करने से हम हरे नोट शीट से बाहर आ जाते हैं ।

eFile में Flag/ पताका लगाना —

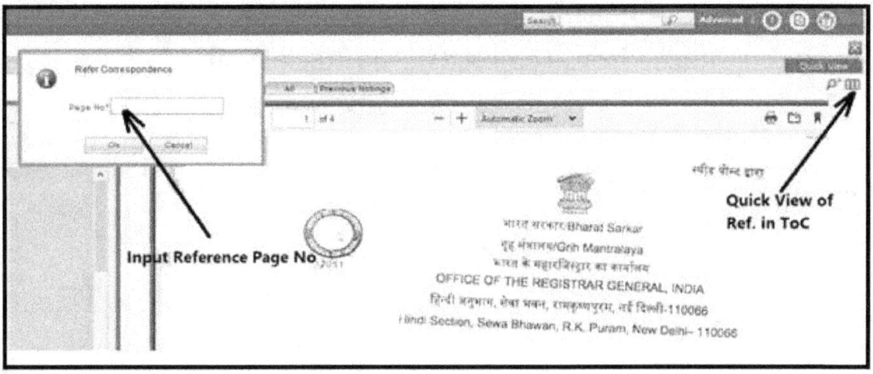

(For Quick View of Reference Documents or Note)

किसी संदर्भ को शीघ्र देखने के लिए ई-कार्यालय के दायें तरफ ऊपर कोने में Quick View के नीचे एक टेबल या graph Paper का ग्रीड बना हुआ दिखाई देता है। उस पर क्लिक करके कोई पत्र, आवती, या कागजात को देखने के लिए पेज नंबर देकर एक हाइपरलिंक बना सकते हैं। इसके लिए सर्व प्रथम नोटिंग में कोई टेक्स्ट जिसमें संदर्भ वाले पेज का नम्बर लिखकर उसे सेलेक्ट करके दाईं ओर ऊपर में Quick view के नीचे के ग्रीड पर क्लिक करने पर एक बॉक्स खुलता है जिसपर पेज संदर्भ पेज का पेज नम्बर डलना होता है। यदि बिना सेलेक्ट किये करते हैं तो पहले Please select some noting content for reference का विकल्प आता है जिस पर OK कर हम कोई टेक्स्ट को सेलेक्ट करते हैं, तब सबंधित संदर्भ पेज का पेज नंबर डालते हैं। जैसा कि इस चित्र में देख सकते हैं। लेकिन इस कार्य से पहले ToC में All पर क्लिक करके सभी पत्राचार को खोलना होगा फिर जिस पत्राचार पेज को Flagging करना है उसका नंबर उपरोक्त तरीके से डाल देते हैं। किसी टिप्पणी को Peference देने के लिए भी ऐसे ही करते हैं बस इसके लिए पहले ToC वाले भाग में Previous Neting पर क्लिक करते हैं। अगर Previous noting पर क्लिक कर सभी Noting को खोलते हैं तो किसी भी नोटिंग पेज या नोट (टिप्पणी) को उपरोक्त तरीके से Flagging कर सकते हैं। जिसके लिए पहले Noting लिखते हुए जिस नोट का हवाला देना है या उसके लिए पेज नम्बर को इंगित करना है उसे टाइप कर टेक्स्ट को सेलेक्ट कर फिर पहले की तरह ग्रीड पर क्लिक करते हैं तो एक बॉक्स खुलता है जिसमें दो विकल्प **1.** By Page No **2.** By Note No. में से किसी एक के अनुसार Page No . डालते हैं तो Select किए गए स्थान पर एक HyperLink बन जाता हैं जिस पर क्लिक करने पर सीधे संबंधित पृष्ठ या टिप्पणी संख्या पर ले जाता है ।

संचिका प्रस्तुतिकरण में कोई मसौदा या प्रारूप संलग्न करना —

मिसिल में प्रारूप तीन तरीके से लगाया जाता है – (क) Create Draft by typing (ख) Choose from Templet(s) (घ) Attach Draft

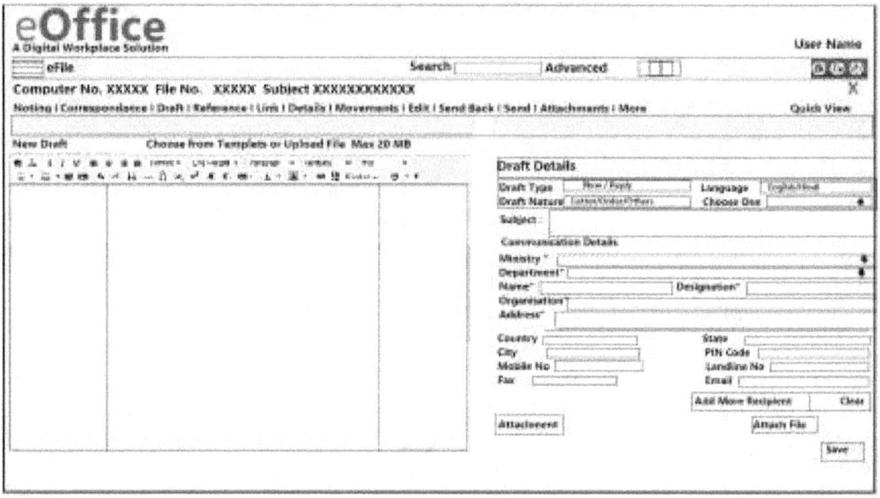

(क) **Create Draft** — इसके लिए कार्यालय का पत्र-शीर्ष जो द्विभाषी होता है सबसे पहले उसे ऊपर में रखते हैं फिर पत्र का जो भी प्रकार होता है उसके अनुसार मसौदा तैयार करते हैं। इसमें एक त्रुटि यह दिखाई देगा कि हस्ताक्षर के बाद जब पत्र डिस्पैच हो जाएगा तो वह पत्र Double Space में नज़र आता है। हस्ताक्षर डिजिटल होगा जो पत्र में यथास्थान पर या पत्र के सबसे नीचे बाईं ओर के स्थान पर दिखाई देगा जिसमें केवल नाम और दिनांक आदि होता है। अगर अधिकारी का DSC है तो उनका हस्ताक्षर भी दिखाई देगा।

(ख) **Attach Draft** — इसमें कम्प्यूटर में अलग प्रारूप तैयार किया जाता है और उसको Save as pdf में बदल कर उस pdf को Attach कर देते हैं। संलग्न करने के बाद उस पत्र का विवरण दाईं तरफ भरा जाता है। Word file को pdf में बदलने के लिए एक और तरीका है— F12 को दबाने के बाद एक पेज खुलता है जिसमें नीचे में File Name के नीचे Save as type है जिसेके आगे के ड्रॉप बॉक्स में से pdf को सेलेक्ट करने पर वह वर्ड फाइल pdf में बदल जाता है।

(ग) **Choose from Templet(s)** — इसमें समझते हैं कि पहले ये **टेंप्लेट्स क्या होते हैं ?**

एक डिज़ाइन टेम्प्लेट या टेम्प्लेट एक फ़ाइल होती है जिसे एक या अधिक दस्तावेज़ों (Document) के साथ उपयोग किए जाने के लिए एक Overall layout के साथ बनाया जाता है। उदाहरण के लिए, किसी प्रोग्राम में रिज्यूम के लिए टेम्प्लेट हो सकता है। रिज्यूम टेम्प्लेट के साथ, समग्र ले-आउट प्लेसहोल्डर टेक्स्ट (जैसे, आपका उद्देश्य, पिछली नौकरी का अनुभव, आदि) के साथ डिज़ाइन किया गया है, जिसे आप अपने लिए Relevant Information से बदल सकते हैं। एक टेम्पलेट एक फाइल है जो एक नए दस्तावेज़ (Document) के लिए एक प्रारंभिक बिंदु (Starting point) के रूप में कार्य करता है। जब आप कोई टेम्प्लेट खोलते हैं, तो यह किसी तरह से पूर्व स्वरूपित या प्रारूपित (Formatted) होता है। उदाहरण के लिए, आप Microsoft Word में टेम्पलेट का उपयोग कर सकते हैं जो एक व्यावसायिक पत्र (business letter) के रूप में प्रारूपित (Formatted) है।

Templet

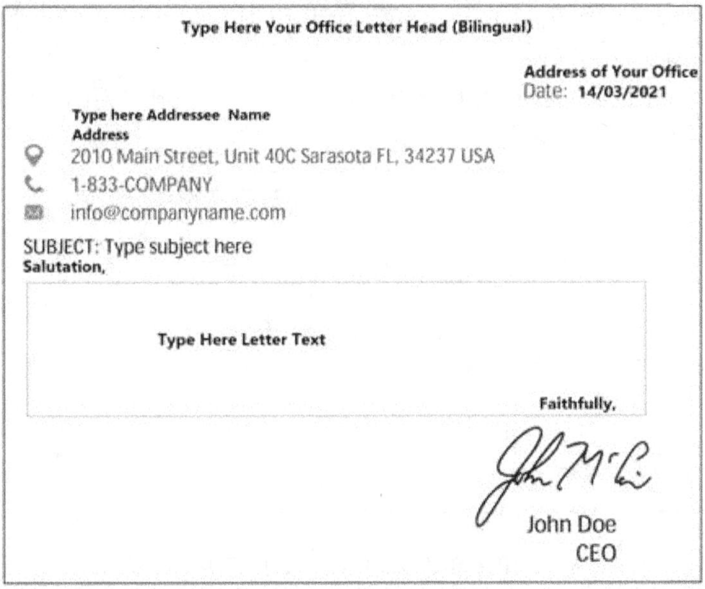

Type Here Your Office Letter Head (Bilingual)

Address of Your Office
Date: **14/03/2021**

Type here Addressee Name
Address
2010 Main Street, Unit 40C Sarasota FL, 34237 USA
1-833-COMPANY
info@companyname.com

SUBJECT: Type subject here
Salutation,

Type Here Letter Text

Faithfully,

John Doe
CEO

टेम्प्लेट में संभवतः ऊपर में आपके कार्यालय का पत्र-शीर्ष होगा जिसमें भारत सरकार, विभाग या मंत्रालय का नाम, कार्यालय का नाम और पते के लिए एक स्थान होगा, प्राप्तकर्ता के पते के लिए एक क्षेत्र नीचे की ओर बायें साइड में होगा, उस पते के नीचे विषय के लिए स्थान होगा, फिर नीचे संबोधन का स्थान होगा और नीचे दिए गए संदेश के मुख्य भाग (Message body) के लिए एक क्षेत्र और अंत में दाईं ओर नीचे स्वनिर्देश तथा आपके हस्ताक्षर के लिए एक स्थान होगा। जब आप किसी टेम्पलेट के साथ बनाई गई फ़ाइल को सहेजते हैं, तो आपको आमतौर पर फ़ाइल की एक प्रति अलग से सहेजने (Copy Save) के लिए कहा जाता है, ताकि आप टेम्पलेट पर सहेज न सकें। टेम्प्लेट या तो प्रोग्राम के साथ आ सकते हैं या उपयोगकर्ता (Users) द्वारा बनाए जा सकते हैं।

अधिकांश प्रमुख प्रोग्राम टेम्प्लेट का समर्थन (Support) करते हैं, इसलिए यदि आप बार-बार अपने आप को समान दस्तावेज (Document) बनाते हुए पाते हैं, तो उनमें से किसी एक को टेम्प्लेट के रूप में सहेजना एक अच्छा विचार हो सकता है। फिर आपको हर बार नए दस्तावेज़ बनाने के लिए अपने दस्तावेज़ों को प्रारूपित (Formatted) नहीं करना पड़ेगा। बस टेम्पलेट खोलें और वहाँ से शुरू करें।

उपरोक्त बातों से स्पष्ट है कि हम सब टेम्पलेट्स के द्वारा भी जल्दी से पत्र तैयार कर सकते हैं और उसे प्रारूप के रूप में इसी प्रकार से अपलोड करते हैं।

संचिका के प्रस्तुतिकरण में कोई आवती (Receipt) संलग्न करना —

जब कोई फाइल पर क्लिक करते हैं तो हो सकता है कि फाइल का एक ही भाग (केवल टिप्पणी) वाला दिखाई दे। ऐसे में ऊपर के पंक्ति में Correspondance पर क्लिक करने पर फाइल का दोनों भाग दिखाई देता है अर्थात टिप्पणी और पत्राचार भाग।

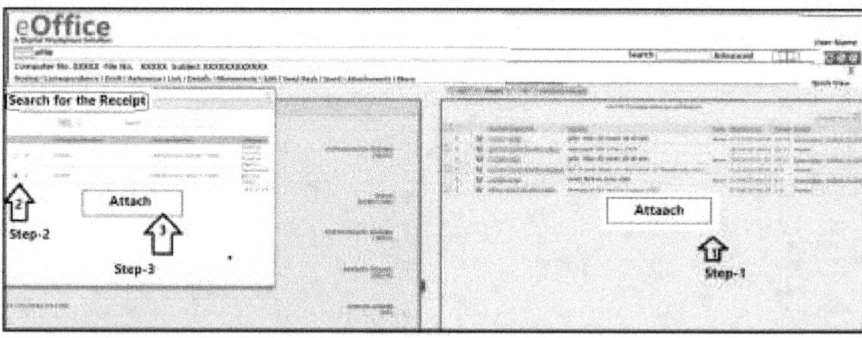

अब अगर कोई आवती प्राप्त हुआ है तो उसे फाइल में संलग्न करना हो तो संलग्न कर सकते हैं इसके लिए दाईं तरफ पत्राचार वाले भाग में सबसे नीचे Attach लिखा हुआ मिलता है उस पर क्लिक करते ही Receipt वाला एक Paper बॉक्स पेज खुलेगा जिसमें से संबंधित आवती को चयन कर नीचे Attach पर क्लिक करने पर वह आवती पत्रावली में संलग्न हो जाता है।

अगर कोई नई आवती अपनी तरफ से जोड़ना है तब सबसे पहले उस आवती को स्कैन करना होगा फिर स्कैन किए गए कागजात को एक नाम देंगे। फिर Receipts पर क्लिक करने पर कई विकल्प होते हैं जिसमें से पहला है Browse & Diarise जिसके नीचे दो विकल्प मिलते हैं (क) Physical (ख) Electronic अब Electronic पर क्लिक करने से एक पेज खुलेगा जो नीचे दिये गए चित्र के अनुसार दिखता है।

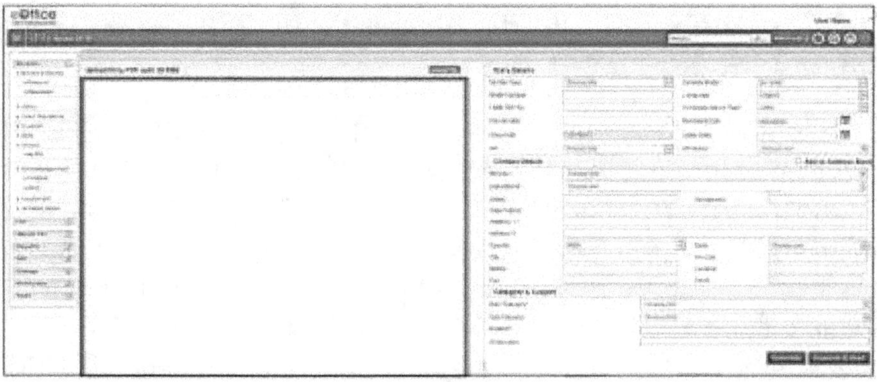

इसमें केवल Upload का विकल्प है। यहाँ पर पहले से स्कैन किए गए pdf को अपलोड करना होता है फिर उस आवती के बारे में दाईं तरफ के खानों को भरना पड़ता है। उसे भरने के बाद Generate (Create) और Generate and send का दो विकल्प है। अब जब केवल Generate पर क्लिक करते हैं तो यह कागज Receipt के Electronic भाग में जाकर वह Save (सुरक्षित) हो जाता है। अब यह आवती (Receipt) के Electronic भाग में दिखाई देने लगता है। अब पहले की तरह पत्राचार वाले भाग में Attach पर क्लिक करने पर Receipt (आवती) का एक बॉक्स पेज खुलेगा जिसमें से अभी जो आवती जिस नाम से बनाए (Create) हैं उसको सेलेक्ट कर Attach करने पर संबंधित मिसिल में संलग्न हो जाता है। इस प्रकार किसी आवती को Attach कर देते हैं।

कार्यालय को कोई आवेदन इलेक्ट्रॉनिक रूप में भेजना —

यह बिल्कुल ऊपर जो किसी दस्तावेज को इलेक्ट्रॉनिक रूप में बदलते हैं ठीक वैसे ही किसी आवेदन को भी Electroniclly Generate करते हैं। इसको Generate करते समय जो भी संगत खाने हैं उसे भरकर नीचे Generate and Send पर क्लिक कर अपने निकटतम उच्च अधिकारी को उचित माध्यम (Proper channel) से प्रेषित कर देते हैं। फिर वहाँ से आवेदन उचित माध्यम से संबंधित सहायक तक आवश्यक कार्रवाई हेतु प्रेषित कर दिया जाता है। आवती Generate करते समय ध्यान रखने वाली बात यह है कि दाईं तरफ जो बहुत सारे खाने भरने के लिए है उसमें से कई खाने में कोई चिज भरी नहीं जाती है, जो आपको स्वतः पता चल जाएगा क्योंकि बॉक्स के ड्रॉप डाउन में कोई विकल्प ही नहीं आता है। इसलिए खाली रह गए बॉक्सों से घबराने (upset) वाली कोई बात नहीं है।

किसी दस्तावेज को आवती (Receipt) के रूप में आवश्यक कार्रवाई हेतु प्रेषित करना —

अगर कोई दस्तावेज या कोई आवेदन ईमेल से या Physical प्राप्त हुआ है, तो उसे इलेक्ट्रॉनिक आवती बनाकर अग्रेतर कार्रवाई हेतु आगे प्रेषित करना होता है। सबसे पहले उस आवेदन को या दस्तावेज को डाउनलोड कर या स्कैन करके सॉफ्ट कॉपी बना लेंगे। अब ई-कार्यलय में अपना यूजर आई. डी. से लॉग इन करके ई-रिसीट पर क्लिक करके नया आवती का निर्माण करेंगे जो अपलोड करके दाईं तरफ के संगत कॉलमों को भरने के बाद होता है फिर नीचे दो विकल्प मिलता है Generate (Create) तथा Generate and Send पर क्लिक करके जिसके पास भेजना होता है उसे उचित माध्यम के द्वारा भेज देते हैं। अगर सीधे Generate & Send पर क्लिक करते हैं तो वह केवल आवती के रूप में जिसे भेजना है उसे चली जाएगी परंतु अगर केवल Generate पर क्लिक करते हैं तो वह Generate होकर Receipt भाग में आपके पास ही रहेगी।

संचिका (मिसिल) पर नोटिंग लिखना — संचिका पर टिप्पणी लिखने के लिए सबसे पहले कोई संचिका जो इलेक्ट्रॉनिक रूप में created है उसको खोलना होता है। फिर उसके खोलते ही केवल टिप्पणी वाला भाग खुलता है जो सबसे अंतिम में की गई टिप्पणी से दिखलाता है। यदि कोई पिछला टिप्पणी देखना हो तो नोटिंग पृष्ठ पर ही Add Yellow Note के बाद ⏩ ▶ ◀ ⏪ दिखाई देता है जिसके सहारे पीछे या आगे जा सकते हैं। दूसरा तरीका है ToC के बाद Previous Noting है उस पर क्लिक कर पिछला नोटिंग देख सकते हैं। अब आप जैसा चाहें वैसे रंग का नोटशीट Add कर टिप्पणी लिखना प्रारंभ कर सकते हैं।

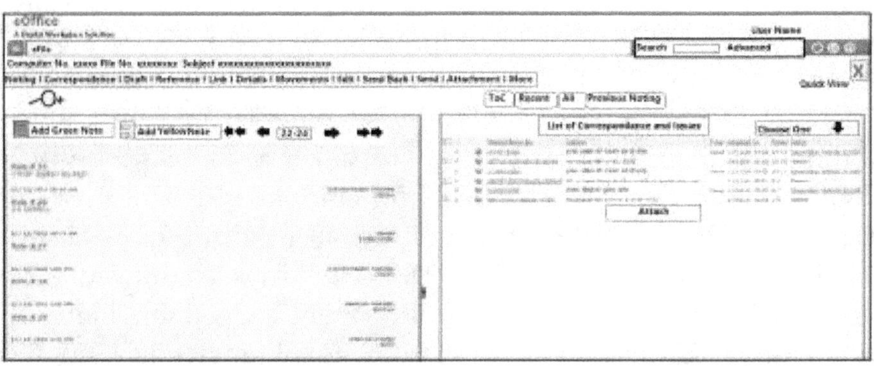

नोटशीट पर सीधे टाइप करके लिख सकते हैं या फिर कहीं अन्यत्र कोई वर्ड फाइल खोलकर उस पर टाइप करके वहाँ से कॉपी और फिर नोटशीट पर पेस्ट कर सकते हैं।

अब टिप्पणी लिखने के लिए या तो कोई आवती प्राप्त हुई है उसका जबाब देना हो सकता है या कोई अपने तरफ से नये विषय पर टिप्पणी लिखना हो सकता है। जब कोई फाइल आपके पास पहुँची है अर्थात आती है तो आप केवल अपना विचार उस पर लिखेंगे यदि कोई फाइल नये विषय पर प्रस्तुत करना हो तो आप बोल्ड अक्षरों में विषय - .... (जिसके बारे में लिखा जाना है उसे संक्षिप्त वाक्य में) लिखकर नीचे से विस्तारपूर्वक यथा संभव संक्षिप्त में लिख कर अपने उच्चत्तर अधिकारी को प्रस्तुत करेंगे।

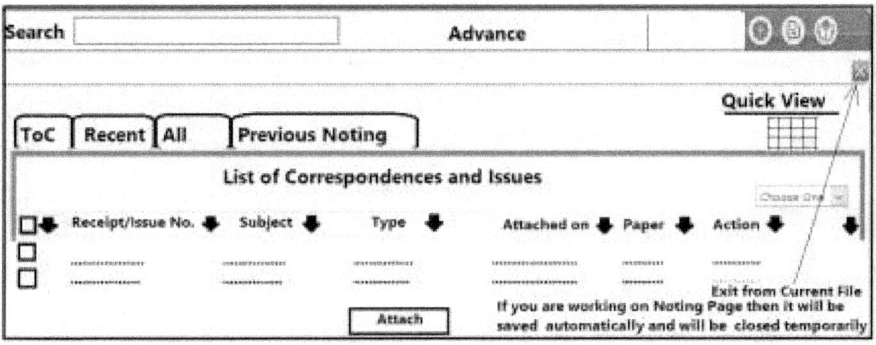

ध्यान रखे कि टंकण में कुछेक प्रतीक/चिह्न का प्रयोग नहीं हो पाता है जैसे— em dash (—) en dash (–) आदि। इसके लिए वर्ड में टाइप करके यहाँ पेस्ट कर सकते हैं । नोट करें कि Hyphen का चिह्न सबसे छोटा (-) होता है जबकि em dash का सबसे बड़ा इसे यूँ भी कह सकते हैं कि Hyphen का दोगुना लम्बाई को en dash तथा तीन गुना लम्बाई को em dash कहते हैं। आप em dash के लिए Alt+0150 या Alt+Ctrl+minus तथा en dash के लिए Alt+0151 या Ctrl+minus के सहायता से Windows पर टाइप करके लिख सकते हैं, परंतु ई-कार्यालय के ई-फाइल के टिप्पणी में नहीं। इसके लिए वर्ड फाइल में टाइप करके वहाँ से Copy—Paste कर सकते है। व्यावहारिक रूप से प्रयोग करते-करते आप बहुत कुछ अपने से भी सीख कर अभ्यस्त हो सकते हैं ।

इसमें ध्यान देने वाली बात यह है कि हमें कोई भी फाइल को निपटाने के बाद उसे Park कर देना चाहिए। पार्क करने का अर्थ हम ऐसे समझ सकते हैं कि जैसे किसी कार्य की समाप्ति के बाद फाइल को आलमीरा में बंद कर देते हैं और फिर से कार्य आने पर उसे निकालते हैं। यदि फाइल टेबल पर है तो मतलब है कि यह अभी बंद नहीं हुआ है इस पर कार्य जारी है। इसी प्रकार यदि हम फाइल को पार्क कर देते हैं तो संचिका हमारे Inbox से Parked File में चला जाता है अर्थात बतलाता है कि कार्य संपन्न हो गया है। जब तक फाइल Inbox में रहेगा तो यह MIS रिपोर्ट में लंबित कार्य को दर्शाता रहेगा। इसलिए कार्य की समाप्ति पर फाइल को Park और पुनः कार्य आने पर Unpark करते हैं।

eFiles MIS Reports देखना— किसी संगठन/कार्यालय का प्रदर्शन देखने के लिए ई-कार्यालय से लॉगइन करके देख सकते हैं। जो ऐसा दिखता हैं।

MIS का विस्तृत रूप है – Management Information System.

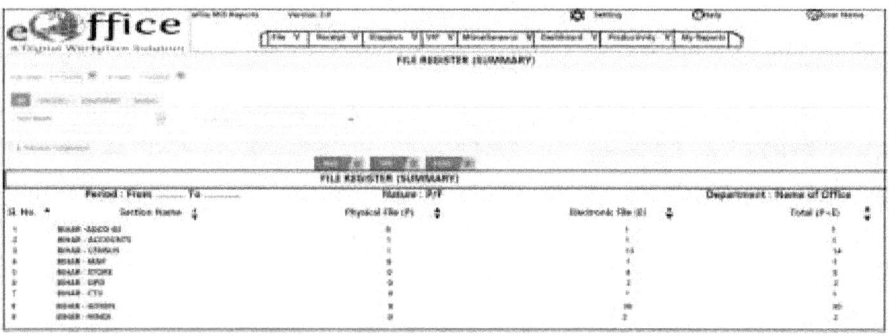

इसके द्वारा हम किसी विशेष अवधि का फाइल (File), आवती (Receipt), प्रेषण (Dispatch), वी.आई.पी. (V.I.P.), विविध (Miscellaneous), डैशबोर्ड (Dashboard), उत्पादकता (Productivity) और अपने रिपोर्ट (My Reports) को देख सकते हैं। प्रत्येक मेनू पर क्लिक करने पर कुछ उप मेनू दिखाई देता है जिसके द्वारा हम एक सीमित अवधि का प्रतिवेदन सार देख सकते हैं । इसमें हम सभी शाखाओं का विवरण सार देख सकते हैं।

इसमें तीन विकल्प मिलता है- View, PDF, Excel जिसमें से आप अपने सुविधानुसार रिपोर्ट को देख सकते हैं । किसी किसी मेनू में केवल विगत एक माह का रिपोर्ट देख सकते हैं जबकि किसी किसी में हम पूरे एक वर्ष का देख सकते हैं । इसमें विगत माह या वर्ष का रिपोर्ट देखने के लिए तिथि अवधि का

चयन करना होता है। इसमें भी तीन विकल्प होते हैं विस्तृत, महीनावार, सारांश। आप जैसा देखना चाहते हैं उसके अनुरूप विकल्प का चयन कर सकते हैं।

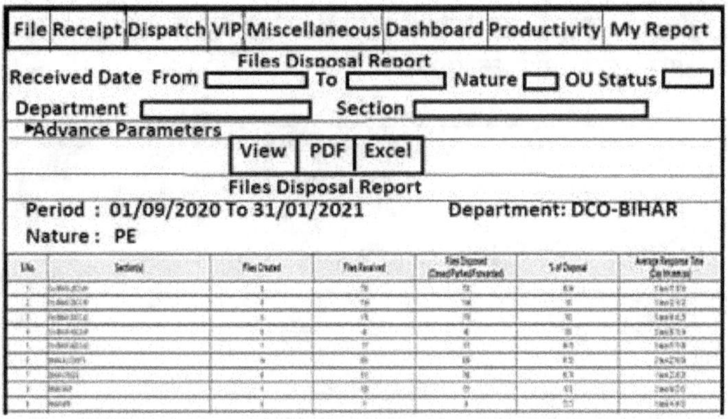

ज्ञान प्रबंधन प्रणाली (Knowledge Management System) —

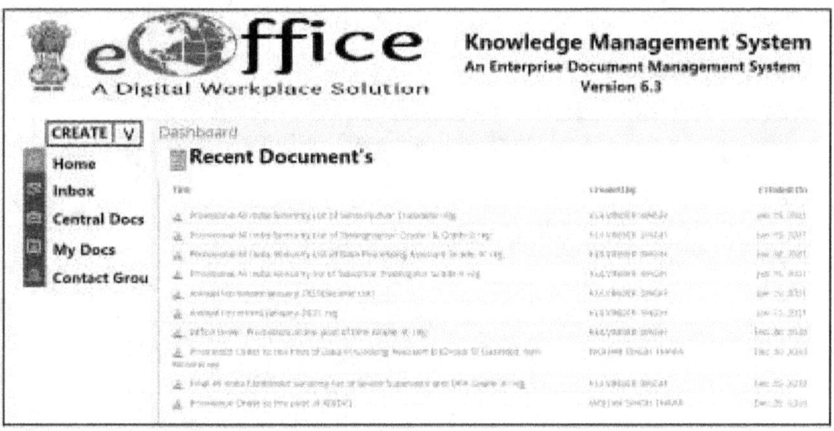

ज्ञान प्रबंधन प्रणाली या KMS एक ऐसी तकनीक है जिसके सहारे हम एक पत्र को एक ही बार में अपने विभाग और अधीनस्थ कार्यालयों के सभी अधिकारिओं और कर्मचारिओं को अपना पत्र परिचालित कर सकते हैं । इससे न केवल समय की बचत है बल्कि संबंधित को भी संज्ञान में शीघ्र आ जाता है। इसके लिए हमें KMS को नियमित रूप से खोल कर देखना पड़ेगा। बाईं तरफ कुछ मेनू दिखाई देते हैं जो इस प्रकार है —

(1) Home, (2) Inbox, (3) Central Docs, (4) My Docs (5) Contact Group

जैसा कि Home का चित्र यहाँ दिखाया गया है ।

Inbox — Inbox में कई उप मेनू दिखाई देता है — All recent; Shared; Pending; Subscripted; Manage subscription; और Published.

Central Docs — इसमे अपने संबंधित विभाग के सभी अनुभाग के द्वारा जारी पत्र, आदेश आदि देखा जा सकता है।

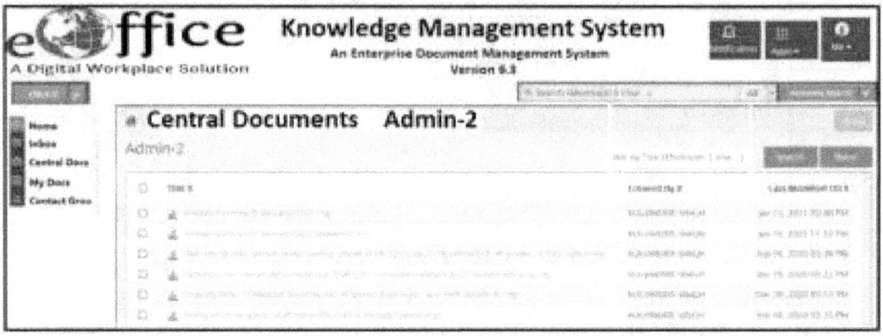

My Docs — इसमें आपके द्वारा जारी पत्र, परिपत्र, सूचना, आदेश आदि को देखा जाता है।

Contact Group —

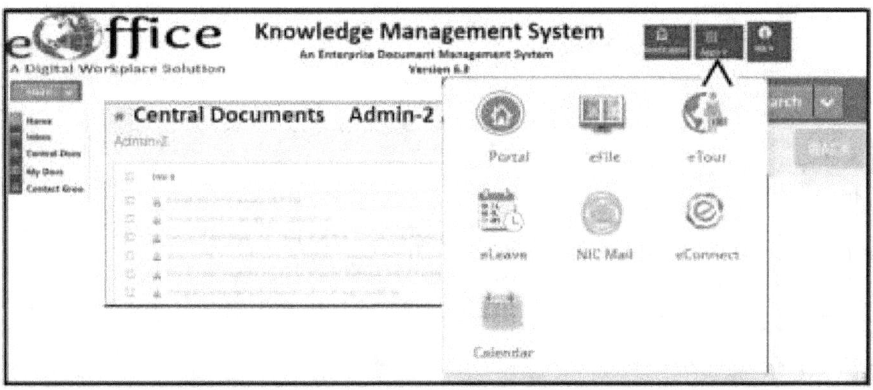

इसमें अपने द्वारा तैयार संपर्क समूह को देखा जा सकता है। इस समूह में नये सदस्य का ईमेल जोड़ा जा सकता है। नया समूह तैयार किया जाता है। दाईं तरफ ऊपर के कोने में Apps है जिसमें Portal, eFile, eTour, eLeave, NIC Mail, econnect और Calender है। जिसे नीचे के चित्र में देखा जा सकता है।

****

3

व्यक्तिगत सूचना प्रबंधन प्रणाली (Personal Information Management System)

व्यक्तिगत सूचना प्रबंधन प्रणाली/Personal Information Management System — इसमें अपने व्यक्तिगत आँकड़ों को देख सकते हैं जिसमें निम्नलिखित मेनू दिखाई देता है—

उदाहरणस्वरूप हम Leave Record को देखते हैं।

इसमें पिछली बार कब अर्जित अवकाश को अद्यतन किया गया है, CL, EL, HPL कब-कब लिया गया है, इसे हम देखते हैं । इसी प्रकार प्रत्येक मेनू के अंदर कई उप मेनू है जिसका विवरण हम देख सकते हैं। इसमें सुधार संशोधन करने का प्राधिकार स्थापना शाखा या प्रशासन अनुभाग के पास है।

सरकारी सेवक का प्रधान विवरण प्रणाली/

Employee Master Detail System— इसमें अपना विस्तृत विवरण देख सकते हैं। जो निम्नलिखित रूपों में मिलती है।

Employee Details–

+ Basic Details
+ Contact Details
+ Permanent Address Details
+ Present Address Details
+ Designation Details
+ Work Status Pay Details
+ Primary Office Location Details

- Secondary Office Location Details
- Reporting Officer Details
- Post Details
- Link Officer Details

उपरोक्त सभी का अद्यतनीकरण कार्यालय के प्रशासन अनुभाग या कार्यालय के मुख्यालय स्तर से किया जाता है।

****

4

छुट्टी प्रबंधन प्रणाली (Leave Management System)

छुट्टी प्रबंधन प्रणाली /Leave Management System — इसके माध्यम से हम किसी प्रकार की छुट्टी लेने के लिए ऑनलाइन आवेदन देते हैं। छुट्टी से आने के बाद का योगदान (Joining) का आवेदन देते हैं। खाते में कौन सी छुट्टी कितने शेष बची है आदि की जानकारी इसके द्वारा हमें मिलती है।

ऑनलाइन ई-कार्यालय से आवेदन करने के लिए यदि कोई कागजात (Docs) अपलोड करना होता है। यहाँ पर कागजात को केवल Docx file, Doc file, PDF file, और Zip file में ही अपलोड किया जा सकता है।

Docx file और Doc file में अंतर — दोनों फ़ाइल स्वरूपों के बीच मुख्य अंतर यह है कि DOC में, आपके दस्तावेज़ को एक बाइनरी फ़ाइल में सहेजा जाता है, जिसमें सभी संबंधित स्वरूपण (formatting) और अन्य प्रासंगिक डेटा शामिल होते हैं, जबकि DOCX फ़ाइल वास्तव में दस्तावेज़ से जुड़ी सभी XML फ़ाइलों के साथ एक ज़िप फ़ाइल होती है।

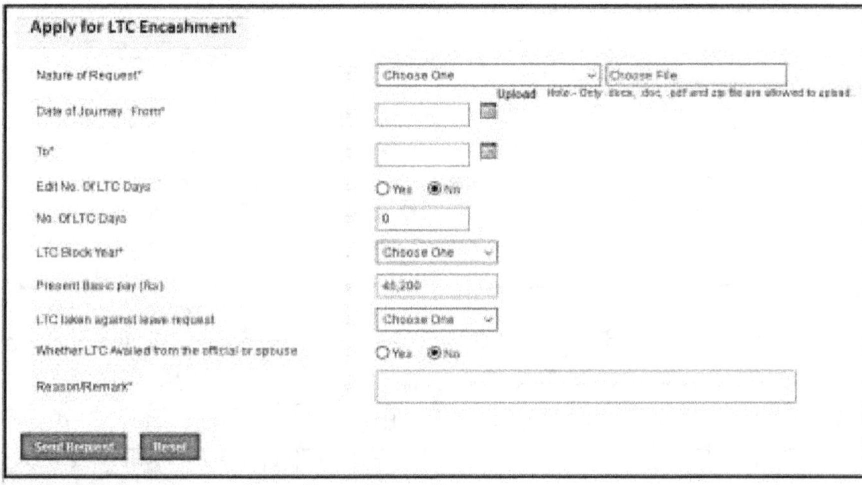

छुट्टी के लिए ई-कार्यालय से आवेदन देना —

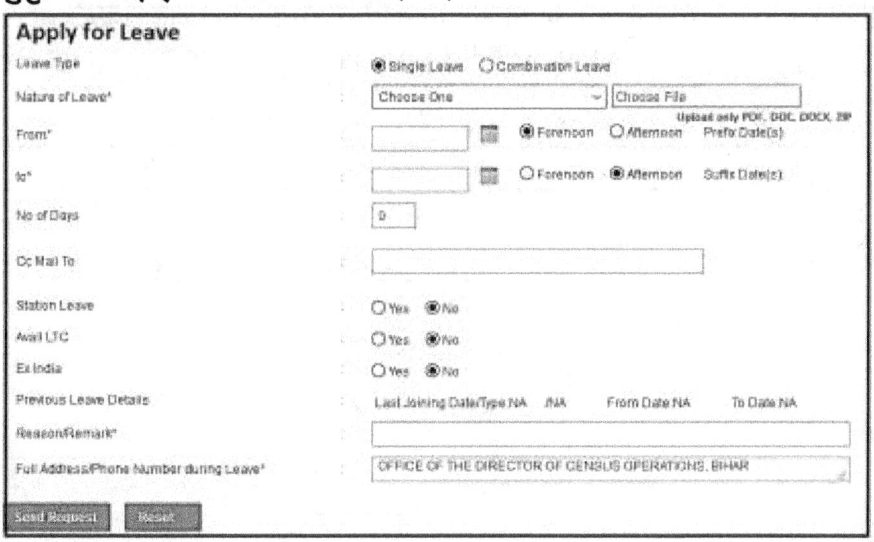

इसके लिए हमें Apply पर क्लिक करना होगा तब फिर संगत कॉलम को भरना होगा। आवेदन देने के लिए उपरोक्त चित्र स्क्रीन पर दिखाई देता है।

Joining Report को प्रेषित करना —

योगदान देने के लिए Dashboard पर Click कर Request ID पर क्लिक करना होता है। Request ID पर क्लिक करने के बाद Apply वाला पृष्ठ खुलता है। जिसमें Joining से संबंधित कॉलम दिखाई देता जिसे भरने के बाद Submit करने पर एक नया Request ID बन जाता है जो अंग्रेजी के अक्षर J से दिखाई देता है जो पूर्व के छुट्टी के लिए किये गए आवेदन के साथ दिखाई देता है।

Dash Board

[-] Leave Status

S.No.	Request ID	Employment Code	Name
1	E36648	RKS018M82005	Ram Kumar Singh
2	J9442(E36648)	RKS018M82005	Ram Kumar Singh

कुछ विशेष स्थिति में पूर्व में दिये गए आवेदन संख्या के सामने Klick Here To Take An Action पर क्लिक करके Joining पर क्लिक करके योगदान देते हैं । यदि किसी अवकाश में कमी करना हो तो Curtail पर क्लिक करते हैं। यदि एक अवकाश के बीच में कोई दूसरे प्रकार के अवकाश ले लिआ गया हो तो इसे संशोधन करना होगा, अब इसके लिए पहले पूर्व के अवकाश को Cancel करना होगा तब नये सिरे से संयुक्त अवकाश का आवेदन देना होगा। जब तक Cancel नहीं होगा तब तक प्रतीक्षा करना होगा। Click Here To Take An Action पर कई विकल्प मिलते हैं।

Action	Date Submitted	Status
Click Here to Take An Action	21-12-2020 11:56 AM	Sanctioned
Click Here to Take An Action	21-12-2020 11:54 AM	Cancelled
Click Here to Take An Action	09-12-2020 04:30 PM	Sanctioned
Click Here to Take An Action		
Click Here to Take An Action		
Click Here to Take An Action		

Avilable Action for This Request X

Extend/Cancel/Curtail/Joining

Extend

Cancel

Curtail

Joining

यथा - Extend, Cancel, Curtail, और Joining. इसे उपरोक्त चित्र में देख सकते हैं।

Consolidated Report को देखना —

संयुक्त रिपोर्ट को समेकित रूप से अपना और अपने अधीनस्थ कर्मी का रिपोर्ट एक निर्धारित अवधि का देख सकते हैं जिसको हम दिये गए चित्र से समझ सकते हैं । इसमें किसी पूर्व की तिथि से आगे किसी निर्धारित तिथि तक के जिस प्रकार के अवकाश को देखना होता है उसके पहले टीक [√] लगाकर समेकित (Consolidated) रिपोर्ट देख सकते हैं । इसे आगे दिये गए चित्र में अवलोकन किया जा सकता है ।

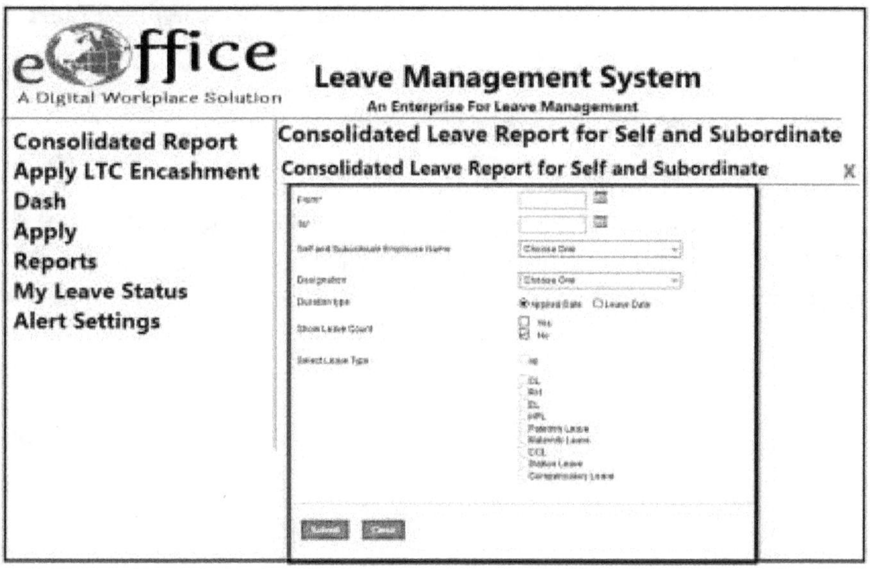

My Leave Status—

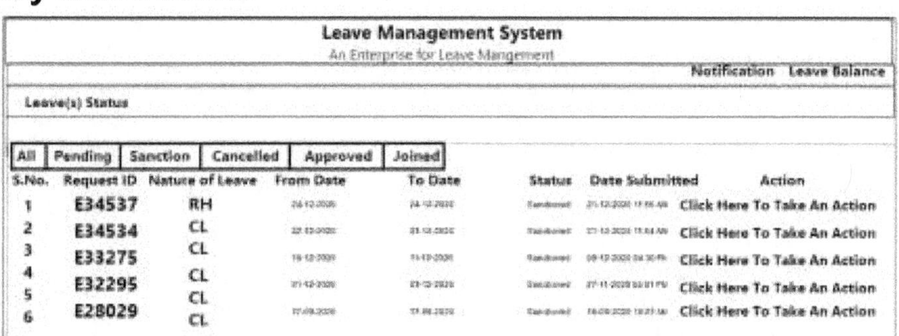

अपने छुट्टी के बारे जानने के लिए इस टैब पर क्लिक करते हैं । इसमें कई मेनू

दिखाई देता है जैसे — All, Pending, Sanctioned, Cancelled, Approved और Joined.

Alert Setting— इसमें हम अपने आवेदन की स्थिति के बारे में जानने के लिए SMS Alert और Email Alert पर Tick [√] का निशान लगा देते हैं ताकि अपडेट प्राप्त होती रहे।

सभी प्रकार के छुट्टी का अद्यतन स्थापना/प्रशासन शाखा द्वारा किया जाता है। इसमें आकस्मिक अवकाश एवं प्रतिबंधित अवकाश स्वतः अद्यतन हो जाता है बाद बाकी अवकाश को चढ़ाना या जोड़ना पड़ता है। अवकाश की मंजूरी होने पर बचे हुए अवकाश में से स्वतः कटौती हो जाती है।

****

5

स्पैरो/ SPARROW

SPARROW — Smart Performance Appraisal Report Recording Online Window का प्रयोग वार्षिक कार्यों का मूल्यांकन रिपोर्ट देने और इसकी समीक्षा आदि करने के लिए किया जाता है। पहले के अपेक्षा अब ई-कार्यालय के द्वारा आसानी से इसे तैयार कर डिजिटल हस्ताक्षर कर रिपोर्टिंग अधिकारी को प्रेषित किया जाता है। इसके बाद इसे समीक्षा के लिए समीक्षा अधिकारी के पास भेजा जाता है जिसके बाद पुनः आवेदक के पास देखने के लिए आता है जिसे देखने के बाद संबंधित विभाग के रिकॉर्ड अनुभाग में चला जाता है। इसका User Name प्रयोगकर्ता का NIC email ID होता है तथा पासवर्ड संबंधित इमेल का पासवर्ड से इसे लॉगइन करते हैं, जैसा कि ई-फाइल के लिए ई-कार्यालय में जाने के लिए लॉगइन करते हैं।

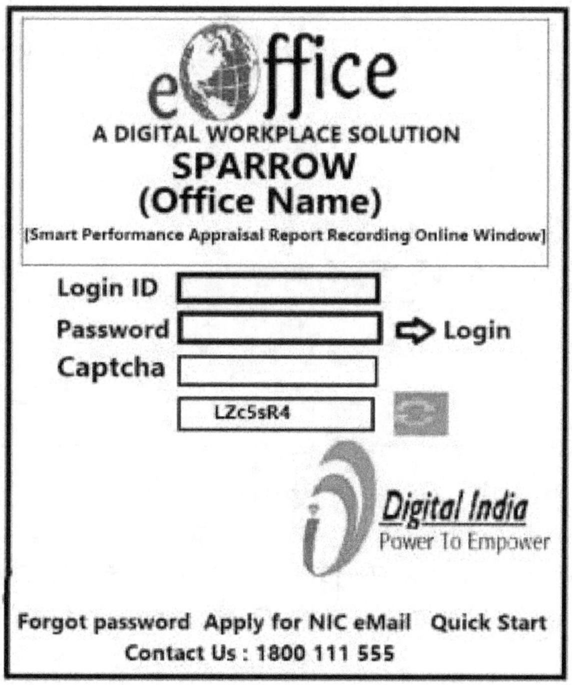

SPAROW पर लॉगइन करने के बाद निम्नलिखित रूप में स्क्रीन दिखाई देता है। इसके जरिये हम अपना अचल संपंत्ति का ब्यौरा (IPR) भी ऑनलाइन भरकर भेजते हैं। इसमें हमें अपने APAR के इनबॉक्स में दिखाई देने पर ही हम इसे भर सकते हैं अन्यथा नहीं, जबकि, IPR निर्धारित समय के बाद स्वयं से भर कर अग्रेषित कर सकते हैं। इसके लिए कोई Inbox जैसा कोई विकल्प नहीं मिलता है।

Sent— स्पैरो में सेंट पर क्लिक करने पर हम पूर्व के प्रेषित किए गए APAR को देख सकते हैं।

Home Sent

Standard Representaion

My PAR Assessment Year

Assessment Period : 2019-2020

Search | Copy | Excel | PDF | CVS | Show 10 Rows

Sl. No.			APAR ID	Form Type	Sent To	Sent Date	Sent Stage	Quick Action
1	E	#	xxxx 2256989	Form-Vii- Gr-B	B K Singh	07/09/2020	Reporting Autority	
2	E	#	xxxx 2256989	Form-Vii- Gr-B	Sunil Kr	08/09/2020	CR Section	

Starting 1 to 2 of 2 Entries   First Previous 1 Next Last

Immovable Property Return (IPR) — इसमें हम अपना अचल सम्पत्ति का ब्यौरा को उच्चत्तर अधिकारी को भेजते हैं साथ ही अपने द्वारा भरे गये पूर्व के IPR को देख सकते हैं। **IPR** पर क्लिक करने पर एक नया पॉप-अप विण्डो खुलता है जो निम्नवत दिखता है। इसका ID और Password अपना NIC Email वाला ही होता है।

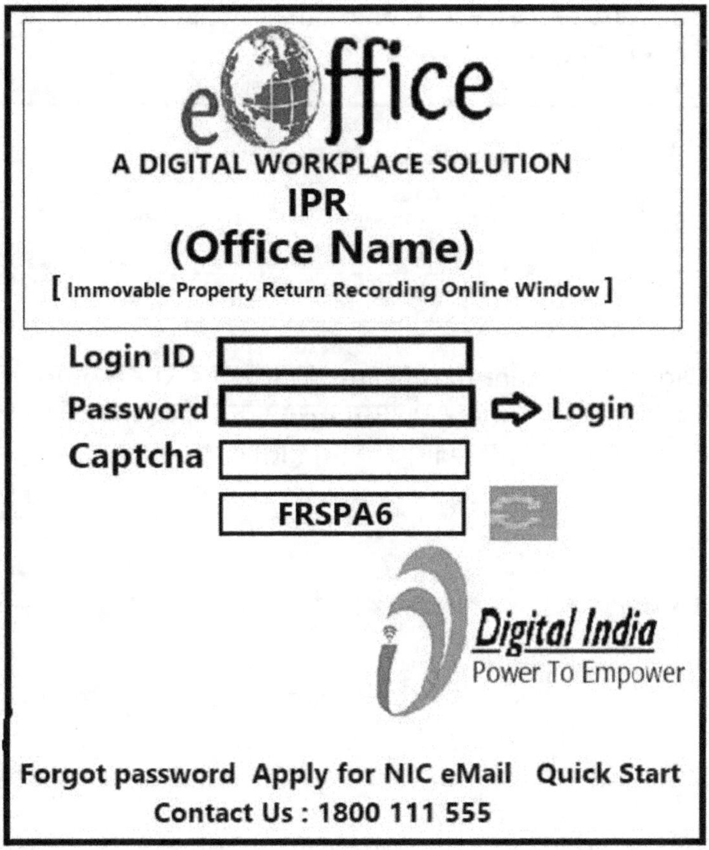

IPR लॉगइन के बाद स्क्रीन निम्नवत दिखाई देता है।

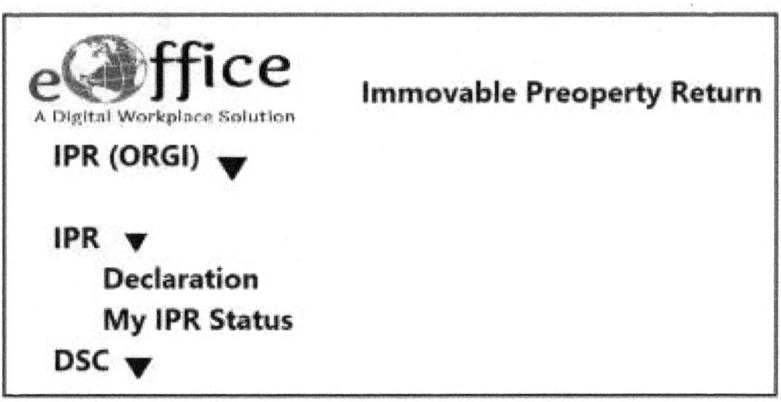

Filed IPR Status— इसमें हम अपने द्वारा भरे गये पूर्व के अचल संपत्ति विवरण को देख सकते हैं।

DSC— Digital Signature Certificates (DSC) के द्वारा हमें अपना डिजिटल हस्ताक्षर के लिए आवेदन दे कर पंजीयन करा सकते हैं। इसके जरिये हमें दिये गये निर्देश के अनुसार अपना पंजीयन करना होता है।

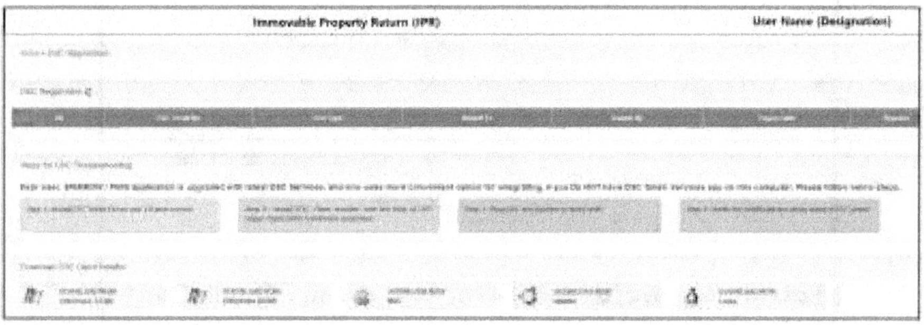

चूँकि वर्तमान में 2020 के अंत तक ई-कार्यालय में बहुत से स्थानों पर सुधार नहीं हो सकी है। जिसे बाद में इसे और भी सुविधाजनक बन सकने की उम्मीद कर सकते हैं। परंतु वर्तमान में अभी जितना सक्रिय उससे भी बेहतर ढंग से ई-कार्यालय के माध्यम से कार्यों को निबटारा कर सकते हैं। यह आपकी कार्य कुशलता और आपकी दक्षता पर निर्भर है कि आप इसमें कितने कुशल हैं।

****

कम्प्यूटर पर हिन्दी यूनिकोड में टंकण

किसी व्यक्ति को कहें कि अमुक पत्रादि को हिन्दी में तुरंत टाइप कर दो तो वह यही कहेगा कि यह तो हिन्दी है और मुझे हिन्दी टंकण नहीं आती है, क्योंकि हिन्दी टंकण कठीन होने के कारण मैंने सीखा नहीं। परंतु आज सूचना प्रद्यौगिकी के तेजी से विकास होने के कारण हिन्दी भाषा में टंकण करना या कहें कि किसी भी भारतीय भाषा में टंकण करना बहुत ही सहज हो गया है। अभी ई-कार्यालय का दौर है, ऐसे में अपने कम्प्यूटर में हिन्दी यूनिकोड में कार्यालय में काम करना परम अनिवार्य हो गया है। अब कोई भी कर्मी चाहे अधिकारी हो या कर्मचारी सबके लिए हिन्दी में टंकण करना आवश्यक हो गया है वे सब अब टंकण करने से भाग नहीं सकते हैं या जी चुरा नहीं सकते हैं। अब "बने रहो पगला काम करेगा अगला" वाली मानसिकता को अपने मन से निकालना होगा क्योंकि आपके कार्यों की पारदर्शिता सर्वत्र स्पष्ट है। कार्यालय में केवल फाइलों को प्रस्तुत करना ही नहीं बल्कि कोई भी आवेदन देना या ई-एपीएआर को लिखने जैसे कार्य नित्य रूप से जुड़ चुका है।

कोई बेरोजगार व्यक्ति जो सरकारी नौकरी में आना चाहता है और इसके लिए तैयारी कर रहा है या कोई निजी व्यवसाय कर रहा हो और अपना सारा काम हिन्दी मे करना चाह रहा हो, या फिर गैर सरकारी उद्यमों में कार्य कर रहा व्यक्ति है या फिर कोई जो अपना संगठन में हिन्दी में कार्य करना चाहता है उन सभी के लिए हिन्दी टंकण जानना अति आवश्यक है। कोई छात्र जो अपना शोध, थेसिस, परियोजना आदि हिन्दी में लिखना चाहता है उनके लिए भी हिन्दी टंकण जानना बेहद जरूरी है। अब तो टंकण से जुड़े सभी भर्ती बोर्ड द्वारा यूनिकोड पर ही टंकण प्रतियोगिता की परीक्षा ली जाती है। ऐसी स्थिति में सब के लिए हिन्दी में टंकण करना बेहद जरूरी हो जाता है।

इस पाठ को पढ़ने के बाद आप —
अपने कम्प्यूटर पर हिन्दी यूनिकोड और फोनेटिक की-बोर्ड के बारे में समझ सकते हैं।

इस हिन्दी यूनिकोड / फोनेटिक की-बोर्ड पर आसानी से हिन्दी में टंकण कर सकते हैं।
आप टाइपिंग की-बोर्ड के सभी रूपों के बारे में जान पाएंगे।
आइए इन सब के बारे में बारी-बारी से जानते हैं।

सहज, सरल और आसानी से हिन्दी में टंकण करने के लिए बनाई गई तकनीक जो सभी सरकारी दफ़्तरों में अपनाई गई है। इसकी लिखाई अर्थात टंकण की विशेषता यह है कि यह अपना रूप सभी कम्प्यूटरों पर एक ही कोड में बनाए रखने में सक्षम है इसीलिए यह यूनिकोड कहलाता है। सर्वप्रथभ यह समझना आवश्यक है कि यूनिकोड क्या है ? क्या यूनिकोड कोई फॉन्ट है? क्या यूनिकोड कोई टंकण का टूल है? या यूनिकोड कोई हिन्दी या भारतीय भाषाओं में टंकण करने का तरीका है?

यूनिकोड एक टेक्नोलॉजी है। यूनिकोड में विश्व स्तर पर एवं प्रचलित सभी लिपियों के वर्णमाला के प्रत्येक अक्षर के लिए एक यूनिकोड प्रदान किया गया है।

चाहे कोई भी ऑनलाइन मंच हो या कम्प्यूटर प्लेटफ़ार्म हो, कोई भी प्रोग्राम हो या कोई भी भाषा हो, सब के लिए एक विशेष यूनिकोड संख्या प्रदान करता है।

यूनिकोड मानक को एप्पल, एच.पी., आई.बी.एम., माइक्रोसॉफ्ट, ऑरेकल, सैप, सन, यूनिसिस, साइबेस जैसी उद्योग की प्रमुख कम्पनियों और कई अन्यों ने अपनाया है। यूनिकोड आई.एस.ओ/आई.ई.सी. 10646 (ISO/IEC 10646) एक अंतर्राष्ट्रीय मानक है। यह सभी संचालन प्रणालियों, सभी आधुनिक ब्राउजरों और मोबाइल आदि तथा कई अन्य उत्पादों में भी उपलब्ध है।

यूनिकोड 10.0 वर्जन में कुल 136,690 वर्णों को जोड़ा गया है, कुल 139 स्क्रिप्ट/लिपि है।

भारतीय भाषाओं के लिए यूनिकोड एनकोडिंग के लिए UTF-8, UTF-16, UTF-32 का प्रयोग होता है।

कम्प्यूटर पर एकरूपता के लिए एक मात्र विकल्प यूनिकोड है, जो सार्विक कैरेक्टर इनकोडिंग है। इससे हिन्दी और अन्य भारतीय भाषाओं में सरलता से अंग्रेजी की तरह प्रयोग किया जा सकता है।

कम्प्यूटर पर हिन्दी में सभी कार्य जैसे वर्ड प्रोसेसिंग, डाटा प्रोसेसिंग, ई-मेल, वेबसाइट निर्माण के साथ-साथ MS Office पर कार्य हो या हिन्दी में बनी

फाइलों को आसानी से आदान-प्रदान करना हो या कुछ और कार्य हो सभी को हिन्दी यूनिकोड में किया जा सकता है।

राजभाषा विभाग ने सभी सरकारी कार्यालयों चाहे वह केन्द्रीय कार्यालय हो या किसी राज्य/केन्द्रशासित राज्य का सरकारी कार्यालय हो, सब के लिए यूनिकोड समर्थित ओपन टाइप फॉण्ट का ही प्रयोग करने का निदेश दिया है।

एक ही दस्तावेजों में अनेकों भाषाओं के text, symbols, mathematical sign, chemical formula or equation आदि बहुत कुछ लिखे जा सकते हैं। किसी सॉफ्टवेयर-उत्पाद का एक ही संस्करण पूरे विश्व में चलाया जा सकता है। क्षेत्रिय बाज़ारों के लिए अलग से नए संस्करण निकालने की जरूरत नहीं पड़ती है। इससे आँकड़ों को बिना किसी बाधा के विभिन्न प्रणालियों से होकर ले जाया जा सकता है।

हिन्दी के संयुक्त वर्ण— क्ष,त्र,ज्ञ और श्र के लिए अलग से कोई कोड नहीं दिया गया है। इन्हें अन्य संयुक्त वर्णों की तरह ही रखा गया है। देवनागरी में नुक्ता के लिए अलग से कोई कोड नहीं दिया गया है। आज के कम्प्यूटरों का हार्डवेयर 32 बिट या 64 बिट का है उस पर UTF-16 और UTF-32 आसानी से कार्य करता है। पुराने सिस्टम 16 बिट के exe file को अपनाने में सक्षम नहीं थे अतः उसमें केवल UTF-8 को अपनाया गया था।

कुंजीपटल / की-बोर्ड के विकल्प

यूनिकोड को सक्रिय करने के बाद अपनी आवश्यकता के अनुसार की-बोर्ड के विकल्प का चयन कर, उसे इन्स्टॉल करना होता है।
वैसे तो हिन्दी टंकण की-बोर्ड के मुख्यत: तीन विकल्प हैं—
1. रेमिंग्टन कीबोर्ड
2. फोनेटिक कीबोर्ड
3. इनस्क्रिप्ट कीबोर्ड

रेमिंगटन (Remington) एक प्रेस (Press) टाइपिंग प्रणाली है। यह हिन्दी टाइपिंग की सबसे पुरानी विधि है। इसके लिए पहले से टाइपराइटर पर हिन्दी टाइपिंग सीखी होनी चाहिए। कंप्यूटर पर इस प्रणाली से टाइपिंग सीखना मुश्किल कार्य है पर असंभव नहीं। यह सिर्फ उनके लिए उपयोगी है जिन्होंने पहले से टाइपराइटर पर हिन्दी टाइपिंग सीखी हो तथा इसके अभ्यस्त हों। टाइपराइटर का ले-आउट नीचे है जिसे देखकर समझ सकते है कि यह कितना कठिन है इसे याद रखना और इसपर कार्य करना।

पहले के प्रतियोगिता परीक्षा इसी रेमिंगटन की-बोर्ड पर ली जाती थी परंतु सूचना प्रद्यौगिकी के विकास के साथ हिन्दी टंकण की दिशा में अभूतपूर्ण सुधार किया गया और फोनेटिक और इनस्क्रिप्ट की-बोर्ड का आविर्भाव हुआ। जिससे न केवल कार्य में तेजी बल्की प्रशिक्षण में होने वाले बजट पर भी कमी आई।

(रेमिंगटन की-बोर्ड का ले-आउट चित्र)

रेमिंगटन टाइपिंग विधि अब काफी हद तक समयातीत (आउटडेटेड) हो चुकी है तथा नए सिरे से हिन्दी टाइपिंग सीखने वालों के लिए अब बहुत उपयोगी नहीं है। रेमिंगटन टाइपिंग किसी के लिये अब उपयुक्त नहीं क्योंकि सीखने के दृष्टिकोण से इसका लेआउट काफी कठिन होता है और वर्णों को ढूंढना बहुत मुश्किल होता है। बहुत अभ्यास के बाद इस पर टंकण के लिए हाथ सेट हो पाता है।

हिन्दी ध्वानात्मक की-बोर्ड (Hindi Phonetic Keyboard) —

स्वानिकी या स्वनविज्ञान (Phonetics), भाषाविज्ञान की वह शाखा है जिसके अंतर्गत मानव द्वारा बोली जाने वाली ध्वनियों का अध्ययन किया जाता है। यह बोली जाने वाली ध्वनियों के भौतिक गुण, उनके उच्चारण, श्रवण, ग्रहण और तंत्रिका-शारीरिक बोध की प्रक्रियाओं से संबंधित है।

स्वानिकी की सबसे छोटी इकाई ध्वनि होती है जिसे स्वनिम या Phoneme कहते है तथा इसे प्रतीकों के माध्यम से बोध कराया जाता है जिसे अक्षर कहते हैं। इसी Phoneme के आधार पर फोनेटिक की-बोर्ड आधारित है।

इसमें देवनागरी के बजाय अंग्रेजी के वर्णों को टाइप करके हिन्दी लिखी जाती है। इसके लिए कोई अलग से की-बोर्ड का ले-आउट नहीं होता है, अंग्रेजी की-बोर्ड के माध्यम से ही इसे लिखी जाती है।

की-बोर्ड पर अंगुलियों को चलाना किसी भी टाइपिंग टूल की सहायता से सीख सकते हैं। यहाँ तक की अब सीखने के लिए यह ऑनलाइन भी मौजूद है।

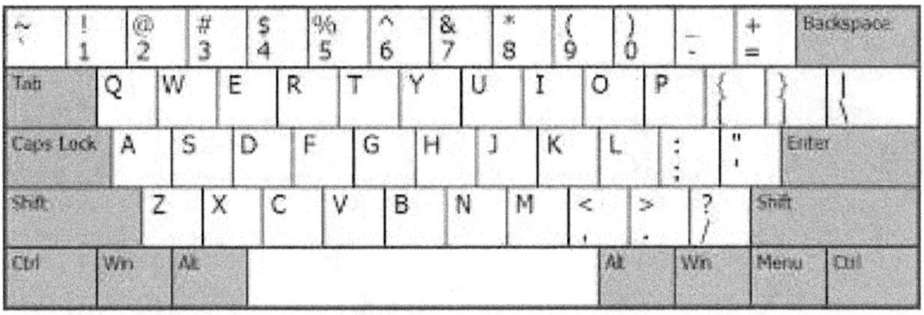

(सामान्य अंग्रेजी की-बोर्ड का ले-आउट चित्र)

अगर आप हिन्दी के शौकीन हैं और हिन्दी का अंग्रेजी में लिप्यंतरण (Transliteration) करने में सक्षम है तो आप हिन्दी टंकण (type) आसानी से कर सकते हैं। जैसे- k-क, kh-ख, g-ग आदि इसके लिए एक नमूना देखें — यदि खग लिखना हो तो khag टाइप करना होगा। अगर रजिस्ट्रार लिखना हो तो rajistrar टाइप करना होगा जो कि अंग्रेजी के Registrar शब्द से बिल्कुल अलग है। टंकण के दौरान कम्प्यूटर पर कई विकल्प भी आते हैं जिसे आप की-बोर्ड के तीर के सहायता से ऊपर नीचे कर पसंद के शब्द को चयन कर सकते हैं। कभी-कभी कोई व्यक्तिवाचक संज्ञा या क्लिष्ट शब्द को कई बार थोड़ा-थोड़ा करके जोड़ कर शब्द बनाना पड़ता है।

हिन्दी यूनिकोड में लिप्यंतरण के लिए जिन धवन्यात्मक वर्ण का प्रयोग किया जाता है वह इस प्रकार है-

k/q	kh	g	gh	ng		
क	ख	ग	घ	ङ		
ch	chh	j/z	jh	yn		
च	छ	ज	झ	ञ		
t	th	d	dh	n	d	dh
ट	ठ	ड	ढ	ण	ड़	ढ़
t	th	d	dh	n		
त	थ	द	ध	न		
p	ph/f	b	bh	m		
प	फ	ब	भ	म		
y	r	l	v/w			
य	र	ल	व			
sh	sh	s	h			
श	ष	स	ह			
ksh	tr	gy	shr			
क्ष	त्र	ज्ञ	श्र			
A	aa/a	i	ee/i	u	oo/u	ri
अ	आ	इ	ई	उ	ऊ	ऋ
e	ai	o	au/ou	an	ah	
ए	ऐ	ओ	औ	अं	अः	

चूँकि अंग्रेजी एक रेखीय लिपि है जबकि हिन्दी चतुर्दिक लिपि है इसके व्यंजन वर्ण में स्वर की जो मात्राएं लगती है वह चारो ओर से लगती है। जैसे- आकार किसी अक्षर के बाद लगता है, ह्रस्व इकार अक्षर के पहले लगता है, दीर्घ ईकार अक्षर के बाद लगता है, ह्रस्व उकार अक्षर के नीचे लगता है, दीर्घ ऊकार अक्षर के नीचे लगता है, एकार और ऐकार अक्षर के ऊपर लगता है, ओकार तथा औकार अक्षर के बाद और ऊपर लगता है, अनुस्वार (ं) और अनुनासिक (ँ) अक्षर के ऊपर तथा विसर्ग (ः) अक्षर के बाद लिखा जाता है। अब सबसे अहम बात यह कि जैसे हम हिन्दी के किसी शब्द का हिज्जे करते हैं ठीक इसी क्रम में अंग्रेजी के अक्षरों को टाइप किया जाता है। जैसे- काव्या – Kavya, क्या- kya, द्वीप – dwip, dvip, dveep, dweep. अब जैसे यहाँ द्वीप की स्थिति में टाइप करने के लिए कई विकल्प मिल जाते हैं। अगर कैप्स लॉक करके टाइप करेंगे तो सभी अक्षर का हिन्दी में नाम लिखा जाएगा जैसे- SRS-एसआरएस । कुछेक व्यक्तिवाचक संज्ञा या अन्य शब्द टाइप करने पर स्वतः नहीं आतें हैं ऐसी स्थिति में थोड़ा-थोड़ा शब्दांश टाइप कर एक शब्द बनाना पड़ता है। अब निरंतर अभ्यास करते रहने से टंकण में निखार आती रहेगी।

एक और बात जब कोई व्यंजन अपने मूल रूप अर्थात हलन्त रूप में मतलब आधे वर्ण के रूप में लिखा होता है तो उसके लिए केवल संबंधित रोमन लिपि का वर्ण का प्रयोग होता है, कोई a को उसके बाद जोड़ने की आवश्यकता नहीं होती है। हलन्त वाले वर्ण में अ की ध्वनि लुप्त रहती है तथा हलन्त व्यंजन वर्ण से शुरू होने वाले शब्द में अगले वर्ण का रोमन अक्षर टाइप किया जाता है जैसे कि ऊपर के उदाहरण में "क्या" (kya) लिखकर बताया गया है।

टंकण के दौरान **हिन्दी से अंग्रेजी** या **अंग्रेजी से हिन्दी** टाइपराइटर में बदलने के लिए **Alt + Shift** का प्रयोग करें। अथवा वैकल्पिक रूप से हिन्दी में टंकण के लिए टास्कबार पर EN आइकन पर माउस से क्लिक कर हिन्दी (Phonetic) **HN अ / HI** का चयन करें।

आप अपने कम्प्यूटर के अतिरिक्त मोबाइल पर भी फोनेटिक की-बोर्ड पर टंकण कर सकते हैं बिल्कुल यूनिकोड में बस जरूरत है अपने मोबाइल के सेटिंग में जाकर हिन्दी की बोर्ड के विभिन्न ले-आउट में से हिन्दी फोनेटिक वाला की-बोर्ड को चयन करें और टंकण करना आरंभ कीजिए। मोबाइल और कम्प्यूटर में अब बोलकर भी टाइप कर सकते हैं।

फोनेटिक टूल्स के कई रूप –

केवल अंग्रेजी अथवा रोमन लिपि में टाइपिंग का ज्ञान होने पर भी हिन्दी/ देवनागरी में टाइप करने के लिए फोनेटिक टूल्स का प्रयोग किया जा सकता है। इसके भी बहुत विकल्प है। **माइक्रोसॉफ़्ट का टूल** डाउनलोड कर सकते हैं।

(इसके लिए आपके कंप्यूटर में NET FRAMEWORK अर्थात डॉटनेट फिक्स 2.0-3.5 या 4.7.2 आदि इंस्टाल होना जरूरी है।) गूगल का टूल डाउनलोड कर सकते हैं।

श्रूतलेखन (स्पीच टू टैक्स्ट टूल)

इस विधि में प्रयोक्ता माइक्रोफोन में बोलता है तथा कम्प्यूटर में मौजूद स्पीच टू टैक्स्ट प्रोग्राम उसे प्रोसेस कर पाठ/टैक्स्ट में बदलकर लिखता है। इस प्रकार का कार्य करने वाले सॉफ्टवेयर को श्रुतलेखन सॉफ्टवेयर कहते हैं। यह टूल राजभाषा विभाग की **साइट पर भी उपलब्ध** है। मोबाइल में भी यह सुविधा है इसके लिए आप को मोबाइल के भाषा सेटिंग में जाकर हिन्दी भाषा को डाउनलोड कर लीजिए फिर ऑफलाइन में भी आप बोलकर हिन्दी में टाइपिंग कर सकते हैं। प्लेस्टोर पर गूगल इंडिक की-बोर्ड ऐप है जो हिन्दी में टंकण करने के लिए कई सारे की-बोर्ड का विकल्प देती हैं।

इनस्क्रिप्ट (InScript)- इंडियन स्क्रिप्ट का लघुरूप है। भारतीय भाषाओं के लिपियों का मानक की-बोर्ड ले-आउट है। यह कम्यूटर हेतु एक टच टाइपिंग की-बोर्ड ले-आउट है। यह की-बोर्ड ले-आउट भारत सरकार द्वारा भारतीय लिपियों के लिये मानक के रूप में स्वीकृत है। यह भारत की भाषायी सॉफ्टवेयर के लिये प्रसिद्ध कम्पनी सी-डैक द्वारा विकसित है। यह देवनागरी, बंगाली, गुजराती, गुरुमुखी, कन्नड़, मलयालम, ओड़िया, तमिल तथा तेलुगू आदि सहित कई और भारतीय लिपियों का मानक की-बोर्ड है।

इनस्क्रिप्ट की-बोर्ड मानक की-बोर्ड है तथा यह सभी ऑपरेटिंग सिस्टम्स (विंडोज़, लिनिक्स BOSS, मैकबुक आदि) में पहले से ही उपलब्ध है। इसे भारतीय भाषाओं के लिए यूनिवर्सल की-बोर्ड भी कहा जा सकता है।

इस की-बोर्ड की विशेषता यह है कि सभी हिन्दी के स्वर बाएँ हाथ की ऊँगलियों पर है जबकि लगभग सभी हिन्दी के व्यंजन वर्ण दाएँ हाथ की ऊँगलियों पर है। कुछेक व्यंजन वर्ण बाएँ हाथ की ऊँगली पर है जो की-बोर्ड के नीचे की पंक्ति में है तथा संयुक्त वर्ण अंको के पंक्ति में 7,6,5, और 8 पर क्रमशः क्ष, त्र, ज्ञ, और श्र स्थित है। यदि आप संयुक्त वर्णों को जोड़ कर लिखना चाहें तो उसे भी कर सकते हैं बशर्ते कि आप यह जानते हो कि कौन सा संयुक्त वर्ण किन-किन वर्णों के मेल से बना है। आइए इसे भी जान लें।

क् + ष = क्ष, त् + र = त्र, ज् + ञ = ज्ञ तथा श् +र = श्र आइए अब हिन्दी यूनिकोड के की-बोर्ड का ले-आउट को देखें और समझें। जिस जगह पर क है उसी कुंजी को शिफ्ट के साथ दबाने पर ख लिखा जाता है। इस प्रकार से ग-घ, च-छ, ज-झ, ट-ठ, त-थ आदि मिलते हैं। नुक्ता के लिए P बटन के दायें

दूसरा बटन है इससे नुक्ता और शिफ्ट के साथ ञ लिखा जाता है। विसर्ग के लिए नंबर लाइन के अंत में शून्य के बाद वाला बटन जिससे डैस लिखा जाता है शिफ्ट के साथ लिखने पर विसर्ग लिखा जाता है। स्वर वर्ण जहाँ है उसी कुंजी को शिफ्ट के साथ लिखने पर उसकी मात्राएँ लिखी जाती है।

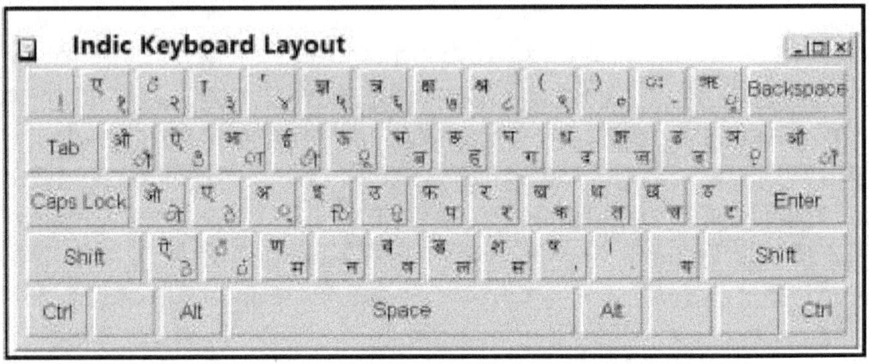

(इन्सक्रिप्ट यूनिकोड /ट्रेडिशनल की –बोर्ड का Layout चित्र)

वर्तमान में Windows 10 में Inscript Keyboard तथा Traditional Keyboard एक ही है परंतु Remington Keyboard सबसे पुराना (old) Keyboard है। Traditional Keyboard एक यूनिकोड की–बोर्ड है जबकि Remington Keyboard Unicode Keyboard नहीं है । Remington में प्राय: प्रयोग में आनेवाला font का नाम Kurti Dev और Devlys font है जिसके बहुत सारे रूप हैं।

****

हिन्दी यूनिकोड को कम्प्यूटर में इन्स्टॉल करना

यूनिकोड को सक्रिय करना

कंप्यूटर पर हिन्दी के प्रयोग के लिए पहली आवश्यकता यूनिकोड को सक्रिय करने की होती है। यूनिकोड एनकोडिंग को सक्रिय करते ही कंप्यूटर किसी भी भाषा में काम करने के लिए सक्षम हो जाता है। अभी कम्प्यूटर के कई वर्जन मिलते हैं मसलन विंडोज 7, विंडोज 8, विंडोज 10 आदि। इन सब के बारे में आगे हम जानेंगे कि इन सब पर हिन्दी यूनिकोड कैसे सक्रिय किया जाएगा। आजकल Dell computer के Vostro series में मंगल फॉन्ट के बजाये अन्य यूनिकोड फॉन्ट जैसे Nirmala UI, Arial Unicode डिफॉल्ट फॉन्ट के रूप में सेट किया हुआ मिलता है।

की-बोर्ड कैसे इन्स्टाल करें ?

इन्स्क्रिप्ट की-बोर्ड / कुंजीपटल पर किसी एक भारतीय भाषा की टाइपिंग सीख लेने के बाद किसी भी भारतीय भाषा की टाइपिंग की जा सकती है क्योंकि सभी भारतीय भाषाओं के लिए इन्स्क्रिप्ट की बोर्ड एक समान है। भाषा इंडिया डॉट कॉम पर **इंडिक स्क्रिप्ट ट्यूटर** नाम से एक सॉफ्टवेयर उपलब्ध है जिसकी सहायता से इन्स्क्रिप्ट की-बोर्ड ले-आउट सीखा जा सकता है। हिन्दी इन्स्क्रिप्ट टाइपिंग सीखने के लिए टीडीआईएल की वेब साइट से निःशुल्क हिन्दी इनस्क्रिप्ट टाइपिंग ट्यूटर **डाउनलोड** किया जा सकता है।

हिन्दी फॉन्टस में केवल यूनिकोड समर्थित फॉन्ट का ही प्रयोग अधिकृत है। इससे फाइलों के लेन-देन में समस्या नहीं होती है। माइक्रोसॉफ़्ट तथा एप्पल ओएस वाले सिस्टम में पहले से ही यूनिकोड मंगल फॉन्ट सहित कई देवनागरी यूनिकोड फॉन्ट उपलब्ध हैं। अतिरिक्त यूनिकोड समर्थित फॉन्टस को https://www.ildc.gov.in, https://indiatyping.com, http://www.lipikaar.com, https://hindityping.info, https://fonts.google.com आदि के वेबसाइट से download किए जा सकते हैं और इसके बाद इसके exe file पर dubble click कर कम्प्यूटर में इन्सटॉल किया जाता है अथवा इसे कॉपी कर कंट्रोल पैनल में जाकर फॉन्टस में सीधे पेस्ट किया जा सकता है। इसके बाद आप अपने मनचाहे फॉन्टस में टंकण कर सकते हैं। इसके लिए जो डिफॉल्ट फॉन्ट मंगल होता है पर जरूरी नहीं कि मंगल में ही टंकण करें। परंतु जब हम किसी अन्य हिन्दी यूनिकोड फॉन्ट में टंकित सामग्री दूसरे कंप्यूटर पर ले जाते हैं तो उसमें यदि पहले से कंप्यटर में हिन्दी यूनिकोड फॉन्ट नहीं होता है तो वह वहाँ टंकित सामग्री स्वतः डिफॉल्ट फॉन्ट मंगल में बदल जाता है बशर्ते कि दूसरे कम्प्यूटर में हिन्दी यूनिकोड पहले से सक्रिय हो, नहीं तो वहाँ पर सब विचित्र वर्गाकार या आयताकार आकृति में बदल जाएगा।

कुछ हिन्दी यूनिकोड के फॉन्टस के नाम निम्नलिखित हैं –

निर्मला, कलम, अक्षर, मुक्ता, पॉपिन्स, टेको, हिन्द, मार्टेल, राजधानी, यंत्रमानव, बालू 2, प्रगति नैरो, कर्मा, खण्ड, जल्दी, खुला, सरला, मोदक, बिरयानी, लैला, अमिता, हलन्त, नकुल, सहदेव, कड़वा, सुमना, आर्या, रंगा, साहित्य, असर आदि अनेक फॉन्ट के नाम हैं जिस पर आप कार्य कर सकते हैं।

पुराने वर्जन के कम्प्यूटर पर हिन्दी यूनिकोड को इन्स्टाल करना

http://bhashaindia.com/ilit/ पर जाएँ। Hindi पर क्लिक करें >> Install Desktop version पर क्लिक करें >> Install Now पर क्लिक करें। hindi.exe डाऊनलोड हो जाएगा। Hindi.exe Setup पर दो बार क्लिक करें। Installation प्रक्रिया पूरी होने के पश्चात Microsoft Indic Language Input Tool स्थापित होने का संकेत (EN) मॉनिटर के टास्क बार पर दिखेगा।

हिन्दी में टंकण कैसे करें ?

कोई Application को खोलिए।

टास्क बार पर मौजूद आइकॉन 'EN' पर माउस से Click करके भाषा बदलिए या बाएँ तरफ के Alt + Shift दबाकर अंग्रेजी 'EN' से हिन्दी (HI अ) में परिवर्तन कीजिए।

अपने पसंद के की-बोर्ड का चयन कर टंकण कीजिए। अब फोनेटिक की-बोर्ड की सहायता से आपका यह PC हिन्दी में लिपियंतरण के माध्यम से टंकण करने के लिए तैयार है अर्थात आप कोई हिन्दी शब्द का अंग्रेजी में लिपियंतरण करेंगे तो वह हिन्दी में हो जाएगा। जैसे-ram लिखेंगे तो हिन्दी में कई विकल्प स्क्रीन पर दिखाई देगा– राम, रम, रैम आदि सबसे अधिक प्रचलित शब्द तथा सबसे ऊपर दिखाई देगा स्पेशबार दबाते ही राम शब्द लिखा जाएगा क्योंकि राम सबसे प्रचलित है और सबसे ऊपर है। दूसरा उदाहरण bharat को लेते हैं हिन्दी में कई नाम दिखाई देगा जैसे भारत, भरत, भरात आदि अब इसमें से जो अधिक प्रचलित है वह है भारत अगर स्पेशबार दबा दें तो भारत लिखा जाएगा परंतु दाईं तरफ तीर के चार कुंजी दिया गया है जिसमें से ऊपर-नीचे वाले कुंजी की सहायता से अगर भरत का चयन करने के बाद स्पेशबार दबा देने से भरत शब्द लिखा जाएगा।

की-बोर्ड के बाएँ तरफ के Alt + Shift दबाकर अंग्रेजी 'EN' से हिन्दी (HI अ) में परिवर्तन किया जा सकता है। कभी कभी विंडोज' 10 में Windows key + Spacebar की सहायता से **'EN'** से **'HI अ'** या **'हिं'** में परिवर्तन किया जाता है।

विंडोज विस्टा, विंडोज 7 तथा विंडोज 8.1 या विंडोज 10 में यूनिकोड एनकोडिंग सक्रिय करने के बाद इनस्क्रिप्ट की-बोर्ड सक्रिय करने के लिए

Go to Start-> Control Panel > Regional & Language Options >Click on Keyboard and Languages Tab > Click on Change Keyboards > Add Devnagari – INSCRIPT keyboard layout for Hindi

विंडोज विस्टा, विंडोज 7 तथा विंडोज 8.1 या विंडोज 10 में फोनेटिक (Phonetic) की-बोर्ड सक्रिय करने के लिए —

http://bhashaindia.com/ilit के वेबसाइट पर जाए जाए Microsoft Indic Language Input Tool दिखाई देगा फिर Microsoft Indic Language Input Tool (ILIT) पर क्लिक कीजिए।

अब अपने कम्प्यूटर की बीट क्षमता के अनुसार 32bit, 64 bit आदि में से हिन्दी वाला सॉफ्टवेयर डाउनलोड करें। hindi.exe file download हो जाएगा।
Install करने के लिए hindi.exe file पर Double click करके इसे Run करा दें।

एक बार पूरी प्रक्रिया पूर्ण होने के बाद टास्क बार पर दाईं तरफ EN का आइकन बन जाएगा।

इस्तेमाल कैसे करें ? कोई भी ऐपलिकेशन वर्ड फाइल, एक्सेल फाइल आदि खोलिए, या कोई भी ऑनलाइन प्लेटफॉर्म पर जाइए और सबसे पहले Language को बदलकर टंकण प्रारंभ कीजिए।

अब की–बोर्ड की भाषा बदलना सीखीए — इसके लिए टास्क बार पर मौजूद 'EN' पर माउस से क्लिक कीजिए तो ऊपर में "EN" और उसके नीचे "HI अ" दिखाई देगा। इसमें से "HI अ" को चयन कीजिए और फिर लिपियंतरण के द्वारा हिन्दी टंकण शुरू कीजिए।

भाषा बदलने के लिए सीधे की बोर्ड से भी बदल सकते है इसका- Shortcut key है— बाएँ तरफ (left side) का ALT **+** Shift

विंडोज 10 में फोनेटिक (Phonetic) की-बोर्ड सक्रिय करने के लिए—

वर्तमान में जो नया विंडोज 10 बाज़ार में उपलब्ध है जैसे All in one computer या नया कोई वर्जन उसमें पूर्व से ही हिन्दी यूनिकोड को सक्रिय करने के विकल्प दे दिया गया है बस उसे इन्टरनेट के माध्यम से डाउनलोड कर देने से हिन्दी यूनिकोड सक्रिय हो जाता है परंतु उस कम्प्यूटर में अपने पसंद का इन्सक्रिप्ट की-बोर्ड जोड़ना पर सकता है नहीं तो डिफॉल्ट में यह फोनेटिक की-बोर्ड स्वतः सेट हो जाता है। यह भी हो सकता है कि किसी विशेष कम्प्यूटर मोडल सीरीज में डाउनलोड करने पर हिन्दी इन्स्क्रिप्ट/ट्रेडिशनल की-बोर्ड सेट हो जाएगा और बाद में उसमें हिन्दी फोनेटिक की-बोर्ड जोड़ना पड़े।

आइए इसके लिए प्रकिया को देखें—

विंडोज 10 में हिन्दी की बोर्ड को सक्रीय करने के लिए नीचे लिखे स्टेप को अपनाएं। इसे चालू करने के लिए इन्टरनेट का होना आवश्यक है।

Step 1: Windows key को दबाएं और 'Control Panel' पर क्लिक कीजिए।

Step 2: Control Panel में "**Time and Language**" को खोजिए।

Step 3: बाईं तरफ 'Date and time, and Region', के नीचे "**Language**", पर click कीजिए। अब दाईं तरफ नीचे में "**Add language**" का विकल्प दिखाई देगा। इस पर क्लिक करने के बाद बहुत सी भाषाओं में से हिन्दी को चुनने के लिए Hindi टाइप कर हिन्दी "**Hindi**" का चयन कर लीजिए। चयन करते ही नीचे **Next** और Cancel का विकल्प मिलेगा जिसमें Next पर क्लिक

करना है, क्लिक करने के बाद **Install** और Cancel का विकल्प मिलेगा। इसमें Install पर क्लिक करना है। इसके बाद इंटरनेट के माध्यम से हिन्दी का सॉफ्टवेयर डाउनलोड हो जाएगा। टास्कबार पर EN का आइकन भी बन जाएगा। अब यह कम्प्यूटर हिन्दी फोनेटिक में लिपियंतरण के माध्यम से हिन्दी टाइप करने में सक्षम हो गया है।

Step 4: इन्सक्रिप्ट की-बोर्ड के लिए **Hindi** पर क्लिक कीजिए।

Step 5: Hindi पर क्लिक करते ही उस पर चार विकल्प दिखाई देगा। बाईं तरफ दो तीर का निशान होगा एक नीचे, एक ऊपर। जिस किसी भी भाषा को ऊपर कर दिया जाएगा तो वही भाषा कम्प्यूटर चालू करते ही सेट रहेगा। मतलब कि अगर हिन्दी को ऊपर कर दिया जाए तो कम्प्यूटर चालू करने पर हिन्दी में ही टंकण का विकल्प डिफॉल्ट सेट मिलेगा। दाईं तरफ दो विकल्प होगा एक "**Option**" दूसरा "Remove" अब आप "**Option**" पर क्लिक कीजिए। एक नया पॉप-अप विन्डो खुलेगा जिसमें ऊपर में **Language Option Hindi** दिखाई देगा इसके सबसे नीचे **Keyboard** — Add Keyboard दिखाई देगा।

Step 6: अब "**Add keyboard**" पर क्लिक करके जो की-बोर्ड पसंद हो उसे चयन करना है।

Step 7: चूँकि '**Phonetic Keyboard**' डिफॉल्ट सेट है अगर नहीं है तो इसे जोड़ लीजिए। अब "**Inscript Keyboard**" को जोड़ना चाहते हैं अगर "**Inscript Keyboard**" नहीं है तो इसे Add कर सकते हैं। इसी प्रकार Traditional Keyboard को जोड़ देंगे। दोनों (इन्सक्रिप्ट और ट्रेडिशनल) एक समान ही कार्य करता है। अब आप इन्सक्रिप्ट की-बोर्ड से हिन्दी टंकण करने के लिए तैयार हो चुके हैं।

टंकण के दौरान **हिन्दी से अंग्रेजी** या **अंग्रेजी से हिन्दी** में बदलने के लिए **Alt + Shift** का प्रयोग करें। अथवा, हिन्दी में टंकण के लिए टास्कबार पर EN पर माउस से क्लिक कर हिन्दी (Phonetic) **HN अ / HI** या इच्छा अनुसार **Inscript/Traditional** की-बोर्ड का चयन टास्कबार पर **HN अ** के बगल में की-बोर्ड आइकन पर क्लिक कर के बदल सकते हैं। किसी-किसी कम्प्यूटर में हिन्दी से अंग्रेजी या अंग्रेजी से हिन्दी को बदलने के लिए विंडोज कुंजी + स्पेस बार को दबाकर बदला जाता है।

****

8

लिखित सम्प्रेषण के प्रकार

मनुष्य एक सामाजिक प्राणी है और भाषा विचार विनिमय का माध्यम है जिसमें पत्र व्यवहार मानव जाति के शिक्षित रूप का परिचायक के साथ-साथ अपने विचार, वेदना, सामाजिक अस्मिता, राज-काज का परिचायक है। पत्र-लेखन सभ्य समाज की एक कलात्मक देन है। मनुष्य चूँकि सामाजिक प्राणी है इसलिए वह दूसरों के साथ अपना सम्बन्ध किसी-न-किसी माध्यम से बनाये रखना चाहता है। मिलते-जुलते रहने पर पत्र-लेखन की तो आवश्यकता नहीं होती, पर एक-दूसरे से दूर रहने पर एक व्यक्ति दूसरे व्यक्ति के पास पत्र लिखता है। पत्र लिखना भी एक बहुत बड़ी और अद्‌भुत कला है। यह कला परिश्रम और अभ्यास द्वारा ही हासिल की जा सकती है। सही ढंग से लिखा गया पत्र न केवल हमारा प्रभुत्व बढ़ाता है, बल्कि हमारे व्यक्तित्व की छाप भी पाठक पर अवश्य छोड़ता है। हम पत्रों के माध्यम से न केवल दूसरों के दिलों पर विजय प्राप्त कर सकते हैं, बल्कि मैत्री बढ़ा सकते हैं तथा अपने समाज को वश में कर सकते हैं। अतः पत्र लिखना एक ऐसी कला है जिसके लिए बुद्धि और ज्ञान की परिपक्वता, विचारों की विविधता, विषय का ज्ञान, अभिव्यक्ति की शक्ति और भाषा पर नियंत्रण की आवश्यकता होती है। इसके बिना हमारे पत्र अत्यंत साधारण होंगे। परंतु जब से ईमेल का प्रचलन बढ़ गया है तब से हस्तलिखित पत्र लेखन में कमी आई है। लेकिन आज भी सरकारी दफ्तर में पत्र का ही प्रचलन है और इसकी महत्ता दिनोदिन बढ़ती गई है। किसी भी सरकारी कार्यालय में इसी के माध्यम से सरकारी काम-काज होती है। सैन्य विभागों में तो यह सबसे महत्वपूर्ण अंग है, क्योंकि पत्र होने से किसी प्राकर का हैकिंग की समस्या नहीं रहती है। इसके लिए एक विशेष हरकारा (संदेशवाहक/हलकारा) को जिम्मेदारी दिया जाता है जो पत्र लेकर गंतव्य तक पहुँचाता है। सरकारी पत्र पहले के पारिवारिक पत्रों से भिन्न होते हैं, इनका अपना पहचान होता है। कार्यालय की प्राण पत्र अभिलेख को कहते है, तो आइए जानते हैं कि सरकारी कार्यालयों में किस प्रकार के पत्रों का प्रचलन है। परंतु आगे बढ़ने से पूर्व बता दे कि केन्द्रीय कार्यालयों में प्रचलित पत्र लेखन किसी राज्य सरकार के कार्यालयों में प्रचलित पत्र लेखन से बिल्कुल भिन्न होता है। प्रारूप लेखन या आलेखन का ज्ञान केवल लिपिकों या कार्यालय

सहायकों को ही जरूरी नहीं है वरन किसी भी स्तर के अधिकारी के लिए यह जानना अत्यंत जरूरी है। इसके अतिरिक्त अन्य पेशे से जुड़े लोगों के लिए, व्यावसायिक संस्थानों के लिए भी जरूरी है। आलेखन या प्रारूपण उन कागजातों से संबंधित होते हैं जो किसी कार्यालय में, घर में, व्यवसाय में, विद्यालय में, महाविद्यालय आदि में मोटेतौर पर मसविदा (मसौदा/आलेख्य) तैयार किया जाता है। सरकारी कार्यालय और व्यावसायिक संस्थानों में नित्यप्रति इसकी जरूरत पड़ती है। ऐसे दफ्तरों में तरह-तरह के प्रारूप या आलेख्य जैसे शासकीय पत्र, अर्द्ध-शासकीय पत्र, कार्यालय आदेश आदि तैयार किये जाते हैं। इसीलिए किसी भी जगह कार्य करने के लिए आलेखन कार्य में निपुण होना नितांत आवश्यक है और ऐसी स्थिति में जब आज ई-कार्यालय का दौर चल रहा है। इसके ज्ञान के बिना एक कदम भी चल पाना मुश्किल है। सफलता की सीढ़ी चढ़ने के लिए इसे जानना ही पड़ेगा। यहाँ पर हम कार्यालयों में प्रचलित पत्र लेखन की चर्चा करेंगे।

लिखित सम्पेषण के दो प्रकार हैं —

1. **औपचारिक पत्र लेखन**
2. **अनौपचारिक पत्र लेखन**

कार्यालयी (official) पत्र या औपचारिक (formal) पत्र — जिन लोगों के साथ हमारा कोई निजी परिचय नहीं होता है, उनके साथ किया जाने वाला पत्राचार औपचारिक (Formal) पत्रों की श्रेणी में रखा जाता है। ऐसे पत्रों में व्यक्तिगत लगाव या आत्मीयता गौण होती है। इनमें तथ्यों और सूचनाओं को ही अधिक महत्त्व दिया जाता है। इस वर्ग में निम्नलिखित पत्र शामिल किये जाते हैं—

(क) आवेदन पत्र (Application/Request Letter)/ अभ्यावेदन (Representation) पत्र
(ख) व्यावसायिक पत्र (Business Letter)
(ग) अव्यावसायिक संस्थाओं के साथ पत्राचार (Correspondence with non-business entity)
(घ) सरकारी या कार्यालयी पत्र (Official Letter)

पारिवारिक पत्र या अनौपचारिक (Informal) पत्र— अनौपचारिक (Informal) पत्र का अभिप्राय वैयक्तिक पत्रों से हैं, जिन्हें व्यक्तिगत मामलों के अपने सगे-सम्बन्धी में पारिवारिक सदस्यों, मित्रों एवं अन्य प्रियजनों को लिखा जाता है। हम कह सकते हैं कि वैयक्तिक पत्रों का आधार व्यक्तिगत सम्बन्ध होता हैं। ये पत्र हृदय की वाणी का प्रतिरूप होते हैं। अनौपचारिक पत्र अपने मित्रों, सगे-सम्बन्धियों एवं परिचितों को लिखे जाते हैं। इसके अतिरिक्त सुख-

दुःख, शोक, विदाई तथा निमन्त्रण आदि के लिए पत्र लिखे जाते हैं, इसलिए इन पत्रों में मन की भावनाओं को प्रमुखता दी जाती है, औपचारिकता को नहीं। इसके अंतर्गत पारिवारिक या निजी-पत्र आते हैं। सरकारी पत्रों की अपेक्षा सामाजिक पत्रों में कलात्मकता अधिक रहती है; क्योंकि इनमें मनुष्य के हृदय के सहज उद्गार व्यक्त होते हैं। इन पत्रों को पढ़कर हम किसी भी व्यक्ति के अच्छे या बुरे स्वभाव या मनोवृति का परिचय आसानी से पा सकते हैं। एक अच्छे सामाजिक पत्र में सौजन्य, सहृदयता और शिष्टता का होना आवश्यक है। तभी इस प्रकार के पत्रों का अभीष्ट प्रभाव हृदय पर पड़ता है।

वर्तमान में किसी भी सरकारी दफ्तर में लिखित सम्प्रेषण के निम्नलिखित प्रमुख प्रकार मिलते हैं —

क्रम सं.	पत्र के प्रकार
1	सरकारी पत्र या शासकीय पत्र (Official letter)
2	अर्द्ध-सरकारी पत्र (Demi Official Letter)
3	कार्यालय आदेश (Office Order)
4	आदेश (Order)
5	कार्यालय ज्ञापन (Office Memorandum /Memo)
6	परिपत्र/गश्ती पत्र (Circular)
7	पृष्ठांकन (Endorsement/Indorsement)
8	अनुस्मार (Reminder)
9	अधिसूचना (Notification)
10	संकल्प / संस्ताव / प्रस्ताव (Resolution)
11	प्रेस विज्ञप्ति(Press communique/Press release)
12	प्रेस नोट/टिप्पणी (Press Note)
13	अंतरविभागीय टिप्पणी/ अशासनिक टिप्पणी/अनौपचारिक निर्देश (Unofficial Note/ U.O. Note/Reference)
14	ई-मेल (Email)
15	सूचना (Notice)
16	निविदा (Tender)

पत्र शीर्ष (Letter head/ Heading) — प्रत्येक कार्यालय का अपना एक पत्र-शीर्ष होता है जिसपर उसका मंत्रालय, विभाग का नाम, पता आदि लिखा रहता है। अगर कोई व्यक्ति चाहे तो अपना भी पत्र-शीर्ष बनाकर लेटर पैड छपवा सकता है जिसमें उसका नाम, पता आदि छापी जाएगी। कुछ लोग अपना

व्यक्तिगत पत्र-शीर्ष बनावाना अच्छा नहीं समझते हैं अतः व्यक्तिगत पत्र-शीर्ष होना न होना ज्यादा महत्वपूर्ण बात नहीं है परंतु कार्यालय के लिए यह एक अभिन्न अंग है। केन्द्र सरकार का दफ्तर हो या कोई राज्य सरकार का कार्यालयी पत्र-शीर्ष हमेशा द्विभाषी होती है अर्थात हिन्दी–अंग्रेजी।

दिनांक (Date) — पत्र-शीर्ष के दाईं ओर भेजने की तिथि लिखी जाती है।

प्रेषिती या पाने वाला और उसका पता (Recipient and Address) — सेवा में लिखने के बाद इसके आगे अर्धविराम चिह्न (Comma) देकर नीचे से कुछ स्थान छोड़कर (एक टैब देकर अर्थात लगभग एक इंच का स्थान छोड़कर) पाने वाले व्यक्ति के पदनाम से शुरू करते हुए साफ-साफ अक्षरों में पते को लिखना चाहिए ताकि पत्र किसे भेजा गया है वह स्पष्ट रहे।

विषय (Subject/Heading line)— किसी भी मसौदे का विषय ऐसा होना चाहिए कि पढ़ने वाला एक नज़र में देखते ही समझ जाए कि यह पत्र किस कार्य के लिए लिखा गया है। आलेख्य का विषय भली भाँति समझने योग्य और स्पषट भाषा में होनी चाहिए। सरल और सुबोध भाषा के माध्यम से अपने विचारों को रखना चाहिए। विषय के अंत में पूर्ण विराम का चिह्न लगा दिया जाता है।

संदर्भ/प्रसंग/निर्देश (Reference)— पहले के पत्राचार में संदर्भ का प्रयोग विषय के नीचे एक पंक्ति छोड़कर लिखने का प्रचलन था परंतु अब ऐसा नहीं है संदर्भ अगर कोई पिछला होता है अर्थात जिस विषय के बारे पहले से चर्चा होती आई है, तो उसी का उल्लेख करते हुए पत्र के कलेवर का शुरूआत करते हैं। पिछले पृष्ठभूमि को जानने के लिए इस संदर्भ का होना आवश्यक हो जाता है जिससे कि पिछले पत्र या कार्य के बारे में क्या बातें या निदेश था उसकी जानकारी प्राप्त हो जाती है। अंत में पूर्ण विराम का चिह्न लगा दिया जाता है।

संबोधन/ प्रशस्ति (Salutation)— संबोधन में पुरुष के लिए **महोदय** और महिला के लिए **महोदया** लिखते हैं। व्यावसायिक संस्थानों और गैर सरकारी संगठन में **प्रिय महोदय/मान्यवर/महोदया** का चलन है। इसके बाद एक अल्प-विराम का चिह्न (Comma) लगा दिया जाता है। सरकारी पत्र में अभिवादन (Greeting) का कोई स्थान नहीं होता है।

पत्र का कलेवर (Body of Letter/Text of the letter) — पत्र का कलेवर जब शुरू होता है तो पिछले संदर्भ या प्रसंग का जिक्र करते हुए शुरू करना चाहिए। यदि कोई पिछले संदर्भ की चर्चा नहीं है तो बात को अपनी तरफ

से बिन्दूवार रखना चाहिए। विषय के समर्थन में अपना विचार प्रस्तुत किया जाता है। कथन की पुष्टि के लिए तर्क प्रस्तुत किए जाते हैं। अंतिम भाग में निष्कर्ष निकालते हुए अपनी संस्तुति या अनुरोध प्रस्तुत किया जाता है। सामान्यतया पत्र के कलेवर में अनुच्छेदों पर क्रम संख्या नहीं डाली जाती है परंतु अगर विषय का वर्णन विस्तृत है तो पहले अनुच्चेद को छोड़कर दूसरे अनुच्छेद पर क्रम संख्या 2 लिखा जाता है इसी प्रकार आगे के अनुच्छेदों पर क्रम संख्या बढ़ता जाता है। सदा ध्यान यह रखना चाहिए कि मसविदा (मसौदा/आलेख्य) को पढ़ते ही सारी बातें स्पष्ट हो जानी चाहिए। इसके बाद कोई संदेह नहीं रहना चाहिए। कलेवर में काव्य की अपेक्षा नहीं रहती है और न ही इसकी कोई गुंजाइश होती है। काव्य से कलेवर खराब होती है। इसमें तो अपने मंतव्यों के तथ्यों को साफ-साफ, सीधा, सरल स्पष्ट उल्लेख किया जाता है। पक्ष-विपक्ष की तार्किक युक्तियाँ होती है। किसी प्रकार की व्यंजना, लक्षणा और अतिश्योक्ति प्रारूप लेखन अर्थात प्रारूपण के दोष माने जाते हैं। आलेख्य को पढ़कर यह स्पष्ट हो जाना चाहिए कि सामने वाला व्यक्ति अर्थात लिखने वाला व्यक्ति क्या चाहता है। अतः आलेखन अर्थात प्रारूपण सुनिश्चित रूप से असंदिग्ध होना जरूरी है।

उपसंहार / मंगल कामनाएँ (Complementry close)— पत्र के अंत में कुछ वाक्यांश लिखे जाते हैं परंतु यहाँ अत्यधिक अनौपचारिक (over casual) बनने की आवश्यकता नहीं होती है। जैसे "सादर", "शुभकामनाओं सहित", "आभार", "साभिवादन", "आदर सहित", "सस्नेह", "Best wishes", "Best regards", "With appreciation", "With gratitude" आदि। उपसंहार के अंत में अल्प-विराम चिह्न (Comma) लगा दिया जाता है।

अंतपद / समापन / स्वनिर्देश (Closing) — समापन पत्र के दाईं ओर लिखा जाता है। हिन्दी में भवदीय/भवदीया (Yours faithfully), आपका (Yours sincerely), लिखा जाता है परंतु अंग्रेजी में अधिक विकल्प है जैसे- "Cordially yours", "Cordially", "Most cordially", "Yours sincerely", "Very sincerely yours", "Sincerely yours", "Sincerely", "Most sincerely" आदि। अंत में अल्प-विराम चिह्न (Comma) लगा दिया जाता है।

हस्ताक्षर पंक्ति (Signature Line) — समापन/स्वनिर्देश के ठीक नीचे हस्ताक्षर होता है। हस्ताक्षर के नीचे दिनांकित किया जाता है।

नाम (Name) — हस्ताक्षर के ठीक नीचे प्रेषक का पूरा नाम लघु कोष्ठक के भीतर लिखा जाता है। अनौपचारिक पत्र में केवल हस्ताक्षर ही होता है, कोई टंकित या मुद्रित नाम नहीं लिखा रहता है।

पदनाम (Designation) — नाम के ठीक नीचे प्रेषक का पदनाम रहता है।

दूरभाष या मोबाइल नंबर (Telephone / Mobile No.)— प्रेषक का संपर्क नम्बर पदनाम के ठीक नीचे रहता है।

अब बारी-बारी से पत्रों के विभिन्न प्रकारों के बारे में विस्तृत रूप में जानते हैं कि यह किस प्रकार से लिखा जाता है? इसकी क्या विशेषताएँ होती है? इसे क्यों लिखा जाता है? इसका क्या महत्व है? इसकी भाषा शैली कैसी होती है? प्रारूपण या आलेखन क्या है ? आदि। सबसे पहले कुछ महत्वपूर्ण बिन्दुओं पर ध्यान देने की आवश्यकता है जिसकी चर्चा शीर्षकवार करके समझते हैं।

****

9

शासकीय पत्र / सरकारी पत्र (Government Letter/ Official Letter)

शासकीय पत्र / सरकारी पत्र (Government Letter/ Official Letter) की परिभाषा — शासकीय पत्र औपचारिक पत्र का एक प्रारूप है जिसके द्वारा किसी भी शासकीय अधिकारी द्वारा अपने कार्यालय या किसी दूसरे कार्यालय या किसी दूसरे कार्यालय के व्यक्ति-विशेष अधिकारी को पत्र के माध्यम से संदेश संप्रेषित करता है। इस प्रकार यह पत्राचार का सर्व सामान्य प्रारूप है। चूँकि यह किसी कार्यालय में सरकारी व्यक्ति द्वारा सरकार की ओर से लिखा गया पत्र होता है इसीलिए इसे सरकारी पत्र कहते हैं, या यों कहें कि विभिन्न कार्यालयों के लिए प्रयोग किए जाने अथवा लिखे जाने वाले पत्रों को 'कार्यालयी-पत्र' कहा जाता है। ये पत्र भारत सरकार और अन्य देश की सरकार के बीच, सरकार और दूतावास, राज्य सरकार के कार्यालयों, केन्द्र सरकार के कार्यालयों, संस्थानों आदि के बीच लिखे जाते हैं। भारत सरकार के विभिन्न मंत्रालय एक दूसरे से पत्राचार के लिए शासकीय पत्र का प्रयोग नहीं करते हैं बल्की कार्यालय ज्ञापन या अनौपचारिक टिप्पणी (U.O. Note)/अनौपचारिक निर्देश (U.O. Reference) का प्रयोग करते हैं।

शासकीय पत्र की विशेषताएँ — सरकारी/शासकीय पत्र का भाषा कार्यालयीन भाषा होती है अर्थात राज-काज की भाषा होती है, जो आम-जन की भाषा से अलग होती है। यह कई विशेषताओं से युक्त होती है जैसे नैभृत्य अर्थात शालीनता एवं अनुनीत और परिच्छिन्न अर्थात परिमित। इसकी भाषा सरल और भाव स्पष्ट होती है। इसमें किसी द्विअर्थी या अनेकार्थी, अस्पष्ट शब्दों का परहेज किया जाता है। अनिश्चित या असंदिग्ध अर्थ वाले शब्दों से बचा जाता है। भाषा

सदा संयत और कार्यालयीन विशेषताओं से युक्त होता है। वाक्य सरल और छोटे होने चाहिए। इसमें अन्य पुरुष/प्रथम पुरुष (Third Person) की बहुलता होती है, उत्तम पुरुष (First Person) में मैं के स्थान पर मुझे या अधोहस्ताक्षरी का प्रयोग ज्यादा प्रचलित है। वाक्य में कर्म वाच्य की प्रधानता होती है। विषय संदर्भ के अनुसार पत्र में कुछ बंधे-बंधाए साँचों का प्रयोग होता है जैसै कि निदेश हुआ है कि, किया जाएगा, किया जाना चाहिए, आदि आदेशात्मक, सुझावात्मक और कथनात्मक रूप का प्रयोग किया जाता है। यदि किसी बात पर जोर देना हो तो ऐसे अभीष्ट दृढ़ोक्ति के लिए उसके समर्थन में तर्क प्रस्तुत करते हुए लाभ-हानि को बतलाना चाहिए। शासकीय पत्रों में प्रयोग में आने वाली कुछ बंधे-बंधाए रचनात्मक वाक्यों का प्रयोग होता है, जैसे– "मुझे यह कहने का निदेश हुआ है कि" या "मुझे यह कहने का गौरव प्राप्त हुआ है कि"।

किसी पारिवारिक पत्र, मित्र को लिखे गए पत्र आदि से इसका प्रारूप (रूप-रेखा, मसौदा, Draft) बिलकुल अलग होता है। किसी भी सरकारी पत्र में सबसे ऊपर राष्ट्रीय प्रतीक चिह्न अशोक स्तंभ और इसके नीचे सत्यमेव जयते लिखा होना अनिवार्य है। इसके नीचे मिसिल/संचिका का पत्रांक संख्या लिखी जाएगी। तत्पश्चात पत्रशीर्ष द्विभाषी रूप पहले हिन्दी फिर अंग्रेजी में लिखी जाएगी जैसा कि नीचे नमूने में दिखाया गया है। इसके बाद दाहिने ओर दिनांक लिखा जाएगा हालांकि अब ई-कार्यालय में दिनांक लिखने की आवश्यकता नहीं होती है क्योंकि इलेक्ट्रोनिक रूप में या कहें डिजिटल हस्ताक्षर में दिनांक स्वतः अंकित हो जाता है परंतु भौतिक रूप से हस्ताक्षर में यह जरूरी होता है। इसके बाद अगली पंक्ति में "सेवा में," में लिखा जाता है जो पत्र के बाईं ओर होता है जिसके नीचे थोड़ा सा जगह छोड़कर प्रेषिती का पता लिखा जाता है। इसके बाद नीचे एक पंक्ति छोड़कर इसके नीचे पत्र का "विषय" संक्षिप्त रूप में लिखा जाता है जिससे कि पत्र किस संदर्भ में है पाने वाले को स्पष्ट हो जाए। इसके बाद नीचे एक पंक्ति छोड़कर इसके नीचे बाईं ओर जिसे पत्र भेजा जाता है उसके लिए "संबोधन" महोदया/महोदय लिखा जाता है। ध्यातव्य हो कि गैर सरकारी संगठनों को भेजे जाने वाले पत्रो के संबोधन में प्रिय महोदय या मान्यवर तथा महिला के लिए आदरणीया या माननीया लिखा जाता है। व्यावसायिक पत्रों में भी संबोधन के लिए प्रिय महोदय/महोदया आदि का प्रयोग होता है। इसके बाद नीचे की पंक्ति में थोड़ा जहग छोड़कर (एक टैब देकर अर्थात एक इंच छोड़कर) "पत्र का मुख्य विषय वस्तु या पत्र का कलेवर" होता है जिसे संक्षिप्त और भाषा में कसावट के साथ सुगम और सरल भाषा का प्रयोग कर अपनी बात को रखा जाता है। पहले विषय के नीचे एक अलग से पंक्ति में पिछले पत्र का संदर्भ आदि लिखे जाते थे परंतु अब यह पत्र के मुख्य विषय की शुरूआत में ही उल्लेख करते हुए आगे लिखते चलते है। परंतु यदि संदर्भ आदि नहीं है तो फिर अपनी बातों से ही प्रारंभ करते हैं। कलेवर के समाप्त होने के बाद नीचे एक पंक्ति छोड़कर (indented)

आगे पत्र के दाईं ओर "समापन या स्वनिर्देश" में भवदीया/भवदीय यथास्थिती लिखा जाता है, इसके बाद नीचे एक पंक्ति छोड़कर जितने में कि हस्ताक्षर किया जा सके के नीचे भेजने वाला का नाम और इसके नीचे पदनाम फिर नीचे आवश्यकतानुसार दूरभाष संख्या या मोबाइल नम्बर लिखा जाता है। व्यावसायिक पत्रों में स्वनिर्देश में "आपका सद्भावी" "आपका सुहृदय" "आपका विश्वासभाजन" तीनों ही रूप चलता है। व्यावसायिक पत्र का नमूना लगभग राज्य सरकारों में चलने वाले शासकीय पत्र की भाँति होते हैं। ऊपर हस्ताक्षर के लिए पर्याप्त रिक्त स्थान छोड़ी जाती है जरूरी नहीं कि एक ही पंक्ति हो। जहाँ पर अधिकारी का नाम पदनाम होता है ठीक इसके बाईं ओर पत्र से संबंधित अगर कोई अनुलग्नक होती है तो अनुलग्नकों की सूची क्रमानुसार लिखी जाती है। इस प्रकार सरकारी पत्र का मुख्य पत्र लेखन कार्य पूर्ण हो जाता है। अब यदि आगे भी किसी को इस पत्र का प्रतिलिपि भेजना होता है तो पत्र में नीचे कुछ और भी जोड़ा जाता है जिसे दिये गए नमूने से समझा जा सकता है।

परंतु कभी-कभी एक ही पत्र को कई जगह भेजना होता है जिसके लिए प्रतिलिपि का प्रयोग किया जाता है। प्रतिलिपि लिखने से पहले पुनः पत्र की संख्या लिखी जाती है जिसे "पृष्ठांकन संख्या" कहते हैं उसे लिखने के बाद पत्रांक लिखा जाता है। सभी संबंधित को प्रतिलिपि क्रम संख्या दर्शाते हुए लिखते हैं। अब प्रतिलिपि के नीचे भेजने वाला का नाम नीचे पदनाम लिखा जाता है परंतु अगर ऊपर वाला व्यक्ति ही प्रतिलिपियों को भेजने वाला है तो केवल पदनाम लिखा जाएगा उसका नाम नहीं परंतु अगर भेजने वाला कोई दूसरा व्यक्ति है तो उसका नाम और पदनाम दोनों लिखा जाएगा जैसा कि नमूने में दिखाया गया है।

सरकारी पत्र का पत्र-शीर्ष (Letter head) एक और तरीके से लिखा जाता है, ऊपर पत्र के मध्य में अशोक स्तंभ, उसके नीचे पत्रावाली संख्या 'उसके नीचे भारत सरकार फिर उसके नीचे मंत्रालय और तत्पश्चात कार्यालय का नाम लिखा जाता है।

उपरोक्त पत्र शीर्ष के दायें तरफ कार्यालय का पता रहता है और पता के नीचे दिनांक लिखा जाता है परंतु अब ई-कार्यालय में दिनांक लिखने की आवश्यकता नहीं क्योंकि अनुमोदन के बाद जब डिजिटल हस्ताक्षर किया जाता है तो उसमें स्वत: दिनांक अंकित हो जाता है। पत्र-शीर्ष को आज कम्प्यूटर के होने से इसे स्वयं से भी आसानी से तैयार किया जा सकता है। यदि पृष्ठांकन की स्थिति होती है तथा दोनों स्थानों पर प्रेषक एक ही हो तो पृष्ठांकन के नीचे वाले स्थान पर पत्र में ऊपर प्रथम बार आए व्यक्ति का नाम नहीं केवल पदनाम लिखा जाता है फिर पदनाम के ऊपर ऊपर हस्ताक्षर किया जाता है तथा पृष्ठांकन से ऊपर वाले स्थान पर व्यक्ति का नाम नीचे पदनाम होता है उसके ऊपर केवल "ह./-" अर्थात हस्ताक्षरित का संक्षिप्त रूप लिखा जाता है। पृष्ठांकन की स्थिति

होने पर ई-कार्यालय में दो अलग-अलग प्रारूप तैयार किया जाएगा। एक मुख्य पत्र होगा जिसमें पृष्ठांकन नहीं होगा तथा दूसरा पृष्ठांकन वाला पत्र होगा जिसमें भवदीय के नीचे के प्रेषक वाले स्थान पर हस्ताक्षर के जगह "ह./-" लिखा जाएगा।

एक सामान्य सरकारी पत्र का प्रारूप (Format/Outline) का नमूना

सत्यमेव जयते

पत्रांक /Letter No. ....

कार्यालय का पत्र-शीर्ष

भारत सरकार/Govt. of India
.........मंत्रालय/Ministry of ....
कार्यालय का नाम /Name of the Office
पता/address
फोन/Phone,...... ईमेल/email ....

दिनांक ....

सेवा में,
श्री/श्रीमती ....
....

विषय :- ....

सम्बोधन (महोदय/महोदया),

.... **पत्र का मुख्य भाग** ....
....

पत्र का समापन (भवदीय,)

हस्ताक्षर - क ख ग
(प्रेषक का नाम- क ख ग**)**
प्रेषक का पदनाम

अनुलग्नक:-

1.
2.
3.

(नोट- यदि पत्र की प्रतिलिपि भी कहीं भेजी जानी है तो इसके बाद निम्नानुसार कुछ और लिखा जाएगा)

पृष्ठांकन संख्या- .... (उपरोक्त पत्रांक संख्या ही पृ.सं. होता है) **स्थान-..... दिनांक- .....**
प्रतिलिपि —

1. श्री .... को सूचनार्थ एवं आवश्यक कार्यार्थ प्रेषित।
2. श्रीमती .... को सूचनार्थ प्रेषित।
3. सहायक निदेशक .... अग्रेतर कार्रवाई हेतु प्रेषित।

हस्ताक्षर- अ ब स
(प्रेषक का नाम अ ब स**)**
प्रेषक का पदनाम

पत्रांक /Letter No. ________

कार्यालय का पत्र-शीर्ष

भारत सरकार/Govt. of India
.........मंत्रालय/Ministry of ....
कार्यालय का नाम /Name of the Office

पता/address
फोन/Phone......
ईमेल/email ....

दिनांक ________

सेवा में,
श्री/श्रीमती ________
____

विषय :- ____________________

सम्बोधन (महोदय/महोदया),
____ ____ ____ ____ **पत्र का मुख्य भाग** ____ ____ ____ ____ -
____ ____ ____ ____ ____________ ____________

पत्र का समापन (भवदीय,)

अनुलग्नक:-
1 ____
2 ____

ह./-
(प्रेषक का नाम क ख ग)
प्रेषक का पदनाम

पृष्ठांकन संख्या .... (उपरोक्त पत्रांक संख्या ही पृ.सं. होता है) **स्थान ..... दिनांक....**

प्रतिलिपि —
1. श्री ________
2. श्रीमती ________

(हस्ताक्षर) क ख ग
प्रेषक का पदनाम

विशेष- आजकल ई-कार्यालय में जब पत्र का प्रारूप प्रस्तुत किया जाता है तो ऐसी स्थिति में पत्र पर हस्ताक्षर जो डिजिटल साइन कहलाता है केवल एक ही जगह होता है वह हस्ताक्षर या तो यथास्थान जहाँ निर्धारित है उस जगह पर हो सकता है या पत्र के सबसे नीचे बाईं ओर होता है। ऐसे हस्ताक्षर युक्त पत्र सर्व मान्य होते हैं कोई स्याही से हस्ताक्षर की पुनः अपेक्षा नहीं रहती है। अब यदि पत्र को दो व्यक्ति द्वारा भेजा जाना है मसलन पत्र का केवल मुख्य भाग किसी व्यक्ति

क ख ग द्वारा तथा पृष्ठांकन वाला भाग किसी दूसरे व्यक्ति अ ब स द्वारा तो ऐसे में दो अलग-अलग प्रारूप तैयार किया जाएगा और ड्राफ्ट में संलग्न किया जाएगा।

ध्यान देने वाली बात यह है कि पत्र-शीर्ष हमेशा द्विभाषी होगा।
किसी राज्य सरकार के शासकीय पत्र का प्रारूप निम्नलिखित तरीके से लिखा मिलता है।

कार्यालय का पत्र-शीर्ष

.... सरकार/Govt. of ....
कार्यालय का नाम /Name of the Office
पता/Address
फोन/Phone,...... ईमेल/email ....

पत्रांक / पत्र क्रमांक/Letter No. .... **दिनांक** ....

प्रेषक
श्री ....क ख ग
पता....

प्रेषिती/सेवा में,
श्री/श्रीमती ....
पता........

विषय :- ....
सम्बोधन (महोदय/महोदया),

.... **पत्र का मुख्य** ....

पत्र का समापन
(आपका विश्वासभाजन)

अनुलग्नक:- ह./-
1............ **(प्रेषक का नाम** क ख ग**)**
2 .... प्रेषक का पदनाम

ज्ञापांक .... (उपरोक्त पत्रांक संख्या ही ज्ञा.सं. होता है) **स्थान ..... दिनांक....**

प्रतिलिपि—
श्री ....
श्रीमती ....

(हस्ताक्षर) क ख ग
प्रेषक का पदनाम

उपरोक्त प्रारूप के नमूने का तुलनात्मक आध्ययन करने से केन्द्र सरकार (भारत सरकार) या भारत सरकार का उपक्रम/उद्यम और किसी राज्य सरकार के पत्र में विभेद कर सकते हैं। अंतर राजभाषा विभाग के नियमानुसार न चलने के कारण दिखाई देता है। जिसका मुख्य कारण पुराने लोगों को नई परिपाटी पसंद नहीं आती है और वे इसे अपनाने से मुकर जाते हैं। जबतक उनकी सोच नहीं बदलेगी तबतक यह अंतर कभी खत्म नहीं होगी। एक मानक पत्र प्रारूप तैयार नहीं होगी। जैसे वर्णों का मानकीकरण किया गया, जैसे शब्दों का मानकीकरण हुआ वैसे ही पत्रों का मानकीकरण अनिवार्य है। किसी एक कार्यालय, विभाग या मंत्रालय के अपनाने से यह संभव नहीं है। इसमें केन्द्र और सभी राज्यों को एक प्रारूप अपनानी चाहिए जो राजभाषा विभाग ने बतलाया है।

राज्य सरकार के पत्र-शीर्ष प्रायः एक भाषी देखने को मिलता है जबकि राजभाषा के नियमानुसार पत्र-शीर्ष द्विभाषी होना चाहिए पहले राज्य का मुख्य राजकीय भाषा तत्पश्चात कोई दूसरी भाषा हिन्दी या अंग्रेजी होना चाहिए। पत्र-शीर्ष के लिए आवश्यक नहीं की त्रिभाषा होना चाहिए, हाँ जिस राज्य में राजकीय भाषा हिन्दी के अतिरिक्त अन्य कोई दूसरी भाषा है तो उस कार्यालय का नामपट्ट त्रिभाषा में होगी जिसका क्रम पहले राज्य का राजकीय भाषा फिर हिन्दी और अंत में अंग्रेजी।

पत्र शीर्ष के नीचे प्रेषक का विवरण फिर एक पंक्ति स्थान छोड़ने के बाद प्रेषिती का विवरण लिखा जाता है। फिर एक पंक्ति छोड़कर विषय और उसके नीचे एक पंक्ति छोड़कर संबोधन फिर नीचे एक टैब देकर पत्र का मूल भाग तत्पश्चात समापन और हस्ताक्षर का जगह छोड़कर नीचे नाम और उसके नीचे पदनाम। इस प्रकार समापन, हस्ताक्षर, नाम, पदनाम सब पत्र के दाईं ओर रहते हैं। इसके बाईं ओर अनुलग्नक आदि रहते हैं।

राज्य सरकार के पत्र में पृष्ठांकन के जगह पर ज्ञापांक का प्रयोग देखने को मिलता है। फिर जितनों को प्रतिलिपि देनी होती है उन सब का क्रमिक पदनाम सहित पूरा पता लिखा जाता है।

****

10

अर्द्ध-सरकारी पत्र (Demi Official Letter)

अर्द्ध-सरकारी पत्र (Demi Official Letter/DO Letter/Demi Government Letter)— जैसा कि यह नाम से ही स्पष्ट है कि यह आधा सरकारी है और आधा व्यक्तिगत है। सरकारी इसीलिए है क्योंकि इसमें कार्यालय का पत्र-शीर्ष (Letter head), नाम, पदनाम, टेलिफोन/मोबाइल नम्बर, सरकारी व्यक्ति का सरकारी ईमेल आदि का व्यवहार किया जाता है। एक अर्द्ध-सरकारी पत्रांक भी दिया जाता है। व्यक्तिगत इसलिए है क्योंकि यह संबोधन से लेकर समापन तक एक मित्रवत विनीत शब्दों में लिखा जाता है। इस प्रकार ऐसे पत्र को अर्द्ध-सरकारी पत्र कहते हैं।

विशेषताएँ — इसमें कर्तृ वाच्य का प्रयोग किया जाता है। किसी रूके हुए कार्य के लिए, विशेष ध्यानाकर्षण के लिए अर्द्ध-सरकारी पत्र स्वयं अधिकारी द्वारा लिखा जाता है या उसके निजी सहायक द्वारा तैयार किया जाता है। अर्द्ध-सरकारी पत्र के सम्बोधन में नाम के साथ जी का भी प्रयोग होता है जैसे "प्रिय श्री अमीन सयानी जी"। इसमें प्रेषक अपने लिए उत्तम पुरुष (First person) एक वचन के कारकों का प्रयोग किया जाता है। इसमें विषय और संदर्भ का उल्लेख नहीं किया जाता है। "आपका" के नीचे अधिकारी हस्ताक्षर करता है, हस्ताक्षर के नीचे नाम लिखा जाता है पर पदनाम नहीं। अर्द्ध-सरकारी पत्रांक दिया जाता है जो ऊपर में दाईं ओर होता है। इसके नीचे पत्र-शीर्ष होता है फिर इसके नीचे दिनांक होता है। अर्द्ध-सरकारी पत्र भेजने वाले का नाम, पदनाम आदि भी द्विभाषी लिखा जा सकता है। महिला अधिकारी 'आपका' के स्थान पर "शुभेच्छु या सद्भावी या भवनिष्ठा" शब्दादि का प्रयोग करती हैं। अर्द्ध-सरकारी पत्र की भाषा में एक विशेष आत्मीयता का भाव होता है। इसमें

कोई आदेशात्मक वाक्य संरचना का प्रयोग नहीं होता है। पत्र में भिजवा दें, भिजवाने का प्रबंध करें, अवगत कराए, रोके रखें, आभारी रहूँगा/रहूँगी जैसे शब्दों का वाक्यांत में प्रयोग होता है। पत्र में पाने वाले के लिए सेवा में शब्द नहीं लिखा जाता है सीधे पाने वाले का नाम पता होता है।

एक अर्द्ध-सरकारी पत्र का प्रारूप (Format/Outline) किस प्रकार का होता है उसे नीचे दिए गये नमूने से स्पष्ट रूप से समझा जा सकता है। सरकारी और अर्द्ध-सरकारी पत्र में अंतर किया जा सकता है। दोनों पत्रों में क्या समानता है इसे स्पष्ट कर सकते हैं।

अर्ध-सरकारी पत्र सं. ....
भारत सरकार
Govt. of India
गृह मंत्रालय
Ministry of Home Affairs
कार्यालय का नाम
Name of Office
पता /Address

प्रेषक का नाम क ख ग
पदनाम
फोन नं.

दिनांक ....

व्यक्तिगत सम्बोधन (प्रिय/श्रध्दे ......),

.... **पत्र का मुख्य भाग** ....
....।

आपका,
हस्ताक्षर

प्रेषिती का नाम
पता

नोट— पत्र सरकारी हो या अर्द्ध-सरकारी या कोई और पत्र शीर्ष (Letter head) हमेशा द्विभाषी होता है। चूँकि भारत की संविधान में हिन्दी को राजभाषा का दर्जा प्राप्त है इसीलिए सबसे पहले हिन्दी और फिर उसके नीचे या बगल में अंग्रेजी लिखी जाती है। दोनों लिपि का आकार एक बराबर होना जरूरी है ऐसा नहीं कि हिन्दी का अक्षर बड़ा-बड़ा हो और अंग्रेजी का छोटा, हाँ Font का साइज एक बराबर होने से नहीं बल्की देखने में बराबर लगना चाहिए। क्योंकि प्रत्येक फॉन्ट का साइज का संख्या/अंक एक ही होने पर भी वे देखने में अलग-अलग अर्थात बड़ा-छोटा दिखाई दे सकते हैं। यह द्विभाषी रूप पूरे भारत के सभी सरकारी कार्यालयों (केन्द्र/राज्य) के लिए अनिवार्य है।

****

11

कार्यालय आदेश (Office Order)

कार्यालय आदेश (Office Order)—

प्रारूप का नमूना

पत्रांक/Letter No ....

पत्र-शीर्ष (द्विभाषी)

पता/Address ....

दिनांक/Date ....

कार्यालय आदेश / OFFICE ORDER

राजभाषा नियम 1976 के नियम 10 (4) के अंतर्गत कार्यालय 08 मार्च 1982 से अधिसूचित है। अतएव सभी अनुभागों को अपने विनिर्दिष्ट कार्य हिन्दी में करने के लिए राजभाषा नियम 1976 के नियम 8 (4) के अंतर्गत निदेशित किया जाता है।

This office is notified since 08 March 1982 under the Sub rule 4 of Rule 10 of the Official Language Rule 1976. All sections, therefore, under the Sub rule 4 of Rule 8 of the Official Language Rule 1976, are directed to work their specified work in Hindi.

हस्ताक्षर/Sign (क ख ग)
(नाम/Name)
पदनाम/Designation

प्रतिलिपि :

1. सहायक निदेशक (राजभाषा), भारत के महारजिस्ट्रार का कार्यालय, हिन्दी अनुभाग, कमरा संख्या-107, सेवा भवन, रामकृष्णपुरम, नई दिल्ली- 110066.
   Asst. Directoe (OL), Office of the Registrar General of India, Hindi Section, Room No-107, Seva Bhawan, Ramkrishnapuram, New Delhi-110066.
2. उप निदेशक (कार्यान्वयन), राजभाषा विभाग, पूर्वी क्षेत्र, निजाम पैलेस, 18 वां तल, जगदीश चन्द्र बोस रोड, कोलकाता-700020.
   Dy. Director (Implementation), Dipartment of Official Language, East Region, Nizam Palace, 18th Floor, Jagdish Chandra Bose Road, Kolkata-700020
3. सभी जनगणना कार्य निदेशालय/All DCOs
4. सभी शाखा प्रभारी / All Section-in-Charges
5. गोपनीय शाखा/ Confidential Section
6. रक्षी पंजी /Guard File

कार्यालय आदेश (Office order)— कार्यालय आदेश शासकीय पत्र या सरकारी पत्र का एक औपचारिक पत्र है जिसमें एक वरिष्ठ अधिकारी अपने अधीनस्थ अधिकारी या कर्मचारी को प्रशासनिक दृष्टिकोण से विभिन्न विषय से संबंधित अनुपालनार्थ आदेश देते हैं। यह एक पक्षीय पत्राचार का प्रारूप होता है, जिसमें कोई प्रत्युत्तर की अपेक्षा नहीं की जाती है। अपेक्षा बस निदेशानुसार कार्य का अनुपालन की होती है।

विशेषताएँ — उपरोक्त कार्यालय आदेश से स्पष्ट होता है कि कार्यालय आदेश हमेशा द्विभाषी रूप में जारी होते हैं भले ही इसका अंग्रेजी वाला भाग साथ में रहे या अलग-अलग। भौतिक रूप से प्रेषित करने पर दोनों पत्र पर एक ही प्रेषण संख्या दिया जाता है परंतु इलेक्ट्रोनिक रूप से जारी करने पर अलग-अलग संख्या स्वतः अंकित हो जाता है ऐसी स्थिति में इलेक्ट्रोनिक रूप के लिए कार्यालय आदेश का प्रारूप एक ही पेज पर द्विभाषी रूप में तैयार होगा जैसा कि ऊपर के उदाहरण से स्पष्ट है।

कार्यालय आदेश का प्रयोग कार्यालय में आंतरिक प्रशासनिक निर्णयों के अनुपालन के लिए प्रयोग किया जाता है। कार्यालय आदेश में वे सभी प्रकार के

पत्र शामिल होते हैं जो स्थायी प्रकृति का होता है जैसे- अधिकारियों या कर्मचारियों के बीच कार्य का आबंटन। अधिकारियों या कर्मचारियों का एक अनुभाग से दूसरे अनुभाग में स्थानांतरण या एक कार्यालय से दूसरे कार्यालय में स्थानांतरण। एल.टी.सी. की स्वीकृति, सेवा शर्तों संबंधी मामले, प्रोन्नति, वेतन वृद्धि आदि होते हैं। कार्यालय आदेश की भाषा निदेशात्मक या आदेशात्मक होती है।

इसमें अन्य पुरुष [Third Person-He (सः), She (सा), It अयम् (पु.) इयम् (स्त्री.), इदम् (नपु.), They (ते)] के साथ-साथ उत्तम पुरुष (First Person) की प्रधानता होती है। कार्यालय आदेश के वाक्यांत में कुछ इस तरह के शब्द देखने को मिलते है- उनकी अर्जीत अवकाश की छुट्टी दिनांक..... से दिनांक.... तक की स्वीकृति दी जाती है। श्री/श्रीमती क ख ग पदनाम अ ब स को अमुक कार्यालय में योगदान देने के लिए दिनांक..... के अपराह्न से कार्यमुक्त किया जाता है। इसी प्रकार, सूचित किया जाता है, तैनात किया जाता है, नियुक्ति की जाती है, स्थानांतरण की जाती है, परिवीक्षा अवधी पूर्ण मानते हुए दिनांक.... से स्थायी किया जाता है। श्री.... को उनकी अस्वस्थता को देखते हुए उनके कार्यालय आने-जाने में आधे घंटे की ढील दी जाती है। इस प्रकार हम अवलोकन करते है कि वाक्य में कर्म वाच्य की प्रधानता होती है। भाषा सरल और भाव बिल्कुल स्पष्ट होते हैं। यदि किसी नियम का उद्धरण देना हो तो जो नियम में है उसे यथाशब्द ही उद्धृत करना चाहिए। आलेखन (प्रारूपण) में आलेख्य अर्थात प्रारूप अपने आप में पूर्ण होना चाहिए किसी स्पष्टीकरण की अपेक्षा नहीं रहनी चाहिए।

सभी प्रकार की छुट्टी केवल आकस्मिक अवकाश को छोड़कर की स्वीकृति कार्यालय आदेश के द्वारा ही दी जाती है। वैसे वर्तमान में ई-कार्यालय के द्वारा सभी प्रकार की छुट्टी के लिए आवेदन किये जाते हैं और उसकी स्वीकृति या अस्वीकृति की सूचना NIC mail पर और SMS से प्राप्त हो जाती है।

कार्यालय आदेश में भी शासकीय पत्र की तरह इसका भी पत्र-शीर्ष (Letter Head) द्विभाषी होता है, जिसके ठीक नीचे दाईं ओर कार्यालय का पता और उसके नीचे दिनांक होता है। पत्र का पत्रांक पत्र-शीर्ष के ऊपर होता है परंतु सबसे ऊपर अशोक स्तंभ का प्रतीक चिह्न होता है जिसके साथ सत्यमेव जयते लिखा रहना अनिवार्य है। पत्र का शीर्षक (कार्यालय आदेश) पत्र के बीचो-बीच होता है। किसी पत्र के उन्वान (शीर्षक) के नीचे पत्र का मज़मून (कलेवर) होता है। इसमें संबोधन (महोदय/महाशय), विषय-वस्तु के नीचे सादर या धन्यवाद या शुभकामनाओं सहित आदि और समापन (भवदीय/भवदीया) का प्रयोग नहीं किया जाता है। इसमें पृष्ठांकन नहीं लिखा जाता है। केवल प्रतिलिपि लिखा जाता है, उसके बाद किसी का भी हस्ताक्षर नहीं होता है। पत्र की एक

प्रतिलिपि रक्षी पंजी/आदेश पंजी जिसे Guard File कहते है में अवश्य रखा जाता है, क्योंकि कार्यालय आदेश अभिलेखात्मक दस्तावेज़ होता है।

इस प्रकार कार्यालय आदेश का सामान्य प्रारूप इस प्रकार होता है-

पत्रांक/Letter No. -----
द्विभाषी पत्र-शीर्ष

पता/Address ----
दिनांक/Date -----

<u>कार्यालय आदेश/Office Order</u>

------ पत्र का कलेवर (द्विभाषी) --------- --------- ------------

हस्ताक्षर (क ख ग)
(नाम/Name)
पदनाम/Designation

प्रतिलिपि/Copy To
1.
2.
3.

****

12

आदेश (Order)

आदेश का प्रारूप या फॉर्मेट

पत्रांक/Letter No ....

पत्र-शीर्ष (द्विभाषी)

पता/Address ....
दिनांक/Date ....

आदेश / ORDER

.... द्विभाषी विषय वस्तु ....

हस्ताक्षर/Sign (क ख ग)
(नाम/Name)
पदनाम/Designation

सेवा में —

श्री/श्रीमती ...... को उनके ऊपर किए गए अनुशासनात्मक कार्रवाई के स्पष्टीकरण हेतु प्रेषित।

प्रतिलिपि : निम्नलिखित को सूचनार्थ प्रेषित।

1.
2.
3.
4.

"आदेश" की परिभाषा — सरकारी पत्रों के प्रकार में से एक ऐसा पत्र जो वित्तीय मामलों, वित्तीय स्वीकृति/स्वीकृति आदेश, नवीन पदों का सृजन या पदों का समापन की स्वीकृति, विभागीय अनुशासनिक कार्रवाई से संबंधित कार्मिकों

से स्पष्टीकरण, तथा शक्तियों का प्रत्यायोजन (Delegation of powers), के लिए प्रयोग किया जाता है।

प्रारूप — पत्र का प्रारूप बिल्कुल कार्यालय आदेश की तरह होता है फर्क है तो इसके शीर्षक लिखने में होता है, जैसा कि पत्र के नमूने मे दिखाया गया है। दूसरा अंतर है कि प्रतिलिपि के साथ-साथ सेवा में भी प्रयोग किया जाता है। जिसे उपरोक्त नमूने में देखा जा सकता है। सेवा में कभी-कभी मंत्रालय/ विभाग/ कार्यालय भी हो सकता है। पत्र की भाषा आदेशात्मक होती है। इसके मुख्य भाग के प्रथम अनुच्छेद में कोई नंबर नहीं लिखा जाता है, परंतु अगले अनुच्छेद से क्रम सं. 2 से नंबर दिया जाता है। इस प्रकार के पत्र में कार्यालंय आदेश की तरह कोई संबोधन या समापन नहीं होता है सीधे प्रेषक का हस्ताक्षर, नाम तथा इसके नीचे पदनाम होता है।

****

13

कार्यालय ज्ञापन (Office Memorandum)

कार्यालय ज्ञापन या दफ्तरी यादी (Office Memorandum) — कार्यालय ज्ञापन का प्रयोग मंत्रालयों के बीच पत्राचार करने के लिए किया जाता है। कार्यालय ज्ञापन का प्रयोग किसी दूसरे विभाग के साथ पत्राचार करने या किसी विभागीय अधिकारी/कर्मचारी से सूचना माँगने अथवा सूचना देने के लिए भी किया जाता है। पहले विभागीय कर्मचारी से सूचना माँगने के लिए केवल ज्ञापन शब्द का प्रयोग किया जाता था परंतु कार्यालय पद्धति 1978 के अनुसार कार्यालयों में "ज्ञापन" जो पत्राचार का एक प्रकार माना जाता था उसे समाप्त कर दिया गया है। किंतु अभी भी कुछ कार्यालयों में पुराने लोगों के नजर में "ज्ञापन" शब्द ही दिखाई देता है। क्योंकि जो पुराने लोग है वे अपने को बदलते परिवेश में ढाल नहीं पा रहे है। जैसे किसी पुराने व्यक्ति को अगर हिन्दी टंकण ही करने को दे दिया जाए तो वे इससे करने से साफ-साफ इनकार कर सकते हैं। क्योंकि उनके जमाने में तो कम्प्यूटर नहीं थी अब इस पर काम भी ऐसा की हिन्दी टंकण करना ! बाप रे बाप मुझसे यह नहीं होगा। कुछ इसी तरह की स्थिति है कि वे आज भी अपने पुराने पैटर्न पर चल रहे है। प्रारूप की दृष्टि से अब कार्यालय ज्ञापन और ज्ञापन में कोई अंतर नहीं रखा गया है। कार्यालय ज्ञापन का प्रयोग जब किसी मंत्रालय से जारी होता है तो उसमें सभी मंत्रालय, विभाग और सभी कार्यालयों के लिए होता है। जैसे किसी वित्त मंत्रालय से महँगाई भत्ता की वृद्धि की सूचना निकलती है जो सभी मंत्रालय या विभाग और सभी सरकारी कार्यालयों के लिए लागू होता है तो वह "कार्यालय ज्ञापन" के द्वारा ही निकाली जाती है। परंतु संबंद्ध एवं अधीनस्थ कार्यालयों के साथ पत्र व्यवहार के लिए कार्यालय ज्ञापन का प्रयोग कदापि नहीं किया जाता है। यदि किसी व्यक्ति की नियुक्ति किसी भर्ती बोर्ड के द्वारा तय कर दिया जाता है और संबंधित विभाग या कार्यालय को उसका डोजियर प्रेषित कर दिया जाता है तो संबंधित व्यक्ति को नियुक्ति का प्रस्ताव भेजने के लिए कार्यालय ज्ञापन का ही प्रयोग किया जाएगा न कि किसी कार्यालय आदेश या किसी अन्य पत्र रूप का। कार्मिक एवं

प्रशिक्षण विभाग द्वारा भी बहुत सी सूचनाएँ कार्यालय ज्ञापन के जरिये ही दी जाती है। किसी कार्यालय में किसी कर्मी को किसी प्रकार की छुट्टी की स्वीकृति की सूचना देने, अथवा किसी प्रकार की सूचना माँगने के लिए, किसी के द्वारा दिये गए आवेदन का उत्तर देने, उच्चतर शिक्षा के अध्ययन की मंजूरी या फिर किसी प्राप्त पत्र का पावती इत्यदि देने के लिए किया जाता है। अब इसके प्रयोग को अपनाने में किसी प्रकार की झिझक नहीं होनी चाहिए।

कार्यालय ज्ञापन में वाक्यों की रचना अन्य पुरुष (Third person) में किया जाता है। इसमें शीर्षक (कार्यालय ज्ञापन) के नीचे विषय लिखा जाता कि यह किस विषय से संबंधित है। इसमें किसी प्रकार का संबोधन, अधोलेख/समापन/स्वनिर्देश नहीं होता है। केवल प्रेषक का हस्ताक्षर होता है जो पत्र के दाईं ओर नीचे रहता है और इसके नीचे प्रेषक का नाम फिर इसके नीचे पदनाम रहता है। कार्यालय ज्ञापन जिसे भेजी जाती है उसके लिए बाईं ओर "सेवा में" लिखकर उसे नाम, पते के साथ प्रेषित करते हैं।

अब इसका नमूना देखें लेकिन ध्यान रहे कि यहाँ पर केवल अंग्रेजी रूप या हिन्दी रूप उदाहरण के लिए दिया जा रहा है परंतु कार्यालय ज्ञापन जब भी जारी होता है तो एक ही साथ द्विभाषी रूप में जारी किया जाता है। राजभाषा अधिनियम 1963 की धारा 3 की उपधारा 3 के अंतर्गत जितने भी 14 प्रकार के दस्तावेज हैं वे सभी द्विभाषी रूप में एक साथ तैयार किये जाते हैं और एक साथ ही संचिका से प्रस्तुत किये जाते हैं। कोई भी पत्र को केवल एक भाषा में प्रस्तुत नहीं किया जा सकता है और न ही इसके केवल हिन्दी या अंग्रेजी रूप को आगे या पीछे निर्गत किया जा सकता है। एक साथ जारी करना कानूनी बाध्यता है।

धारा 3/3 के अंतर्गत कोई आदेश एक साथ जारी करने के लिए कई स्तरीय पर्यवेक्षी स्तर को कार्यालय में बनाने की आवश्यकता है। जैसे चरण 1.- प्रारूप को द्विभाषी एक साथ तैयार किया जाए। चरण 2.- टंकक तबतक टंकण कार्य न करें जबतक कि आदेश का द्विभाषी रूप उसे न दिया जाए। चरण 3.- अधिकारी यह देखे कि आदेश एक भाषी है तो उसे शीघ्र द्विभाषी रूप में प्रस्तुत करने के लिए नीचे के कर्मचारी को निदेश दे और संचिका वापस लौटा दे। चरण 4. अधिकारी पत्र पर तबतक हस्ताक्षर न करें जबतक कि उसे द्विभाषी कर संचिका में प्रस्तुत न किया जाये।

कार्यालय ज्ञापन का नमूना (अंग्रेजी में)

IMMEDIATE
Email/REGD. A.D.

पत्रांक/ Letter No. A21025/2/2018-Ad.-III-245
भारत सरकार/Govt. of India
.... मंत्रालय/Ministry of ....
कार्यालय का नाम
Name of the Office

पता ....
Address ....
फोन/Phone,......
ईमेल/email ....

दिनांक/ Dated 18.09.2018

OFFICE MEMORANDUM

Subject: — RE: Offer of the appointment to the post of ....

On the recommendation of the U.P.S.C./S.S.C., Shri/Smt./Kumari .... is offered a temporary Post of .... in the office of .... , Ministry of .... in the scale of pay of Rs. .... The pay of Shri/ Smt./Kumari. ...., in this scale will be fixed in accordance with the dearness and other allowances at the rates admissible under, and subject to the condition laid down in rules and order governing the grant of allowances in force from time to time.

The terms of appointment are as follows:

(i) The appointment may be terminated at any time by one month's notice given by either side viz. the appointee or the appointing authority, without assigning any reasons. The appointing authority, however, reserves the right of terminating the services of the appointee forthwith or before the expire of the stipulated period of notice by making payment to him/her of a sum equivalent of the pay and allowances for the period of notice or the unexpired portion thereof.

(ii) The appointment carries with it the liability to serve in any part of India.

(iii) Shri/Smt./Kum. ...., will be on probation for a period of two years, which period may be extended or curtailed at the discretion of the competent authority.

(iv) Other conditions of services will be governed by the relevant rules and orders in force from time to time.

If Shri/Smt./Kum. .... accepts the offer of appointment as in the office of .... Department of............................., Ministry of .... on the terms & conditions specified, he/she should communicate his/her acceptance to the office by the .... If no reply is received by the prescribed date, the offer will be treated as cancelled.

Sd/-

(A B C)

DIRECTOR

To,

Shri/Smt./Kumari ......P......
S/D/o..................Q...............
Village ....R..............
Post ....S..............
Dist. ....T..............

कार्यालय ज्ञापन का नमूना (हिन्दी में)

फा. सं. 12012/03/2015-रा.भा. (नीति)
भारत सरकार
गृह मंत्रालय
राजभाषा विभाग

नई दिल्ली सिटी सेंटर-2 बिल्डिंग,
जय सिंह रोड, नई दिल्ली-110001
दिनांक 12 अप्रैल 2015

कार्यालय ज्ञापन

विषय — केन्द्र सरकार के कार्मिकों को सरकारी काम हिन्दी में करने में दक्ष बनाने हेतु अभ्यास आधारित नया पाठ्यक्रम "पारंगत" लागू किए जाने के बारे में।

विषय : **केंद्र सरकार के कार्मिकों को सरकारी काम हिन्दी में करने में दक्ष बनाने हेतु अभ्यास आधारित नया पाठ्यक्रम "पारंगत" लागू किए जाने के बारे में।**

संसदीय राजभाषा समिति के 7 वें प्रतिवेदन के सिफ़ारिश संख्या 16.7 (क) पर पारित राष्ट्रपति आदेश के अनुपालन में केंद्र सरकार के सभी मंत्रालयों / विभागों तथा उनके संबद्ध तथा अधीनस्थ कार्यालयों, केंद्र सरकार के स्वामित्व अथवा नियंत्रणाधीन सार्वजनिक क्षेत्र के उपक्रमों/सांविधिक/स्वायत्त निकायों/उद्यमों/अभिकरणों/निगमों तथा राष्ट्रीयकृत बैंकों आदि में कार्यरत हिन्दी का कार्यसाधक ज्ञानप्राप्त कार्मिकों को सरकारी काम काज हिन्दी में करने में दक्ष बनाने हेतु अभ्यास पर आधारित पाठ्यक्रम "पारंगत" लागू करने का निर्णय लिया गया है।

2. यह पाठ्यक्रम वित्तीय वर्ष 2015-16 से लागू किया जाएगा। इसकी कक्षाएं कारयालय समय में केन्द्रीय हिन्दी प्रशिक्षण संस्थान या हिन्दी शिक्षण योजना, राजभाषा विभाग द्वारा संचालित की जाएगी।

3. पात्रता —
केंद्र सरकार के सभी मंत्रालयों / विभागों तथा उनके संबद्ध तथा अधीनस्थ कार्यालयों, केंद्र सरकार के स्वामित्व अथवा नियंत्रणाधीन सार्वजनिक क्षेत्र के उपक्रमों/सांविधिक/स्वायत्त निकायों/उद्यमों/अभिकरणों/निगमों तथा राष्ट्रीयकृत बैंकों आदि में कार्यरत हिन्दी का कार्यसाधक ज्ञानप्राप्त कार्मिक "पारंगत" पाठ्यक्रम के प्रशिक्षण हेतु पात्र होंगे।

4. पाठ्यक्रम की विषय-वस्तु :
(i) "पारंगत" पाठ्यक्रम मुख्यतः अभ्यास आधारित होगा जिसमें कुल प्रशिक्षण समय का 80 प्रतिशत समय अभ्यास के लिए एवं 20 प्रतिशत समय सैद्धांतिक पाठ्यक्रम चर्चा के लिए निर्धारित होगा।
(ii) पाठ्यक्रम में निम्नलिखित विषयों पर केन्द्रित पाठ होंगे –
1. प्रशासन 2. वित्त 3. बैंकिंग 4. विज्ञान एवं प्रद्योगिकी 5 पारिभाषिक शब्दावली।
5. यह पाठ्यक्रम केन्द्रीय हिन्दी प्रशिक्षण संस्थान द्वारा दो व्यवस्थाओं के अंतर्गत चलाया जाएगा।
(i) प्रथम व्यवस्था में यह कार्यक्रम गहन रूप से 20 कार्य दिवसों (160 घंटे) में पूरा होगा।
(ii) द्वितीय व्यवस्था में इस कार्यक्रम में प्रतिदिन 1 घंटा अथवा एकांतर दिवसों में 1.5 घंटे की कक्षाएं होंगी। इस व्यवस्था में यह पाठ्यक्रम 5 माह में पूरा होगा।
पाठ्यक्रम संबंधी कैलेंडर केंद्रीय हिन्दी प्रशिक्षण संस्थान द्वारा जारी किया जाएगा।
1. परीक्षा :
पाठ्यक्रम की समाप्ति पर वर्तमान व्यवस्था के अंतर्गत परंपरागत आधार पर ली जाएगी।

ह./-
(पूनम ज़ुनेजा)
संयुक्त सचिव, भारत सरकार

सेवा में,
भारत सरकार के सभी मंत्रालय/विभाग को इस अनुरोध के साथ कि वे इस कार्यालय ज्ञापन कि विषय वस्तु को अपने सभी संबद्ध तथा अधीनस्थ कार्यालयों, केंद्र सरकार के स्वामित्व अथवा नियंत्रणाधीन सार्वजनिक क्षेत्र के उपक्रमों/सांविधिक/स्वायत्त निकायों/उद्यमों/अभिकरणों/निगमों तथा राष्ट्रीयकृत बैंकों आदि के ध्यान में लाएं।

14

परिपत्र / गश्ती पत्र (Circular)

परिपत्र / गश्ती पत्र (Circular) — परिपत्र का प्रारूप कार्यालय ज्ञापन के समान ही होता है। परिपत्र का प्रयोग एक ही साथ सभी को कोई सूचना देनी हो तो किया जाता है। यह प्रायः किसी मंत्रालय/विभाग/कार्यालय के आंतरिक प्रयोग के लिए अपनाया जाता है। एक मंत्रालय/विभाग/कार्यालय द्वारा निकाली गई परिपत्र के निर्देशों को मानने के लिए अन्य मंत्रालय/विभाग/कार्यालय बाध्य नहीं होते हैं। यदि जारी किये गए परिपत्र के निर्देशों को दूसरे मंत्रालय/विभाग/कार्यालय को अपने कर्मचारियों पर लागू करवाना हो तो दूसरे मंत्रालय/विभाग/कार्यालय को अलग से परिपत्र जारी करना आवश्यक है। परिपत्र का ध्येय है कि सरकारी नियमों या अनुदेशों को अधीनस्थ कार्यालयों/कर्मियों को सामान्य रूप से अवगत कराना एवं उसका अनुपालन सुनिश्चित करना। इसमें उत्तर की अपेक्षा नहीं रहती है। यदि किसी एकल व्यक्ति को विशेष निदेश या अनुदेश देना होता है तो उसके लिए परिपत्र का प्रयोग नहीं किया जाता है। ऐसी स्थिति में आदेश का प्रयोग किया जाता है। परिपत्र में संदर्भ, संबोधन या अधोलेख/स्वनिर्देश का प्रयोग नहीं किया जाता है। परिपत्र अगर बड़ा हो तो प्रथम अनुच्छेद को छोड़कर दूसरे अनुच्छेद से क्रम संख्या लिखना शुरू करें जैसा कि यहाँ नमूने में दिखाया गया है। परिपत्र भी अन्य पुरुष में लिखा जाता है। परिपत्र की भाषा सूचनापरक, कथनात्मक एवं आदेशात्मक शैली की होती है। जिसको यह भेजना होता है उसे सबसे नीचे बाईं ओर प्रतिलिपि के स्थान पर लिखा जाता है जहाँ सेवा में का प्रयोग किया जाता है फिर क्रम संख्या देते हुए सब को प्रेषित किया जाता है।

परिपत्र भी राजभाषा अधिनियम 1963 की धारा 3 (3) के अंतर्गत आते हैं। अतएव इसे भी एक साथ द्विभाषी (हिन्दी और अंग्रेजी) में जारी किया जाना चाहिए। केवल हिन्दी या केवल अंग्रेजी में इसे जारी नहीं किया जा सकता है। धारा 3 (3) के पालन करने का दायित्व कार्यालय प्रधान/प्रमुख पर है।

परिपत्र के प्रारूप का नमूना—

ईमेल / स्पीड पोस्ट

पत्रांक/ Letter No. A21025/2/2018-Ad.-III-245

भारत सरकार/Govt. of India

.... मंत्रालय/Ministry of ....

कार्यालय का नाम

Name of the Office

पता ....

Address ....

फोन/Phone,......

ईमेल/email ....

दिनांक/ Dated ....

परिपत्र

विषय : ....

....कलेवर का पहला अनुच्छेद ....

1. .... दूसरा अनुच्छेद ....

2. ....तीसरा अनुच्छेद ....

पत्र की प्राप्ति पर पावती दें।

हस्ताक्षर

(नाम)

पदनाम

सेवा में,

1. श्री/श्रीमती/सुश्री ....
2. ....
3. ....

****

15

अनुस्मार / स्मार / स्मरण-पत्र / अनुस्मारक (Reminder)

अनुस्मार / स्मार / स्मरण-पत्र/ अनुस्मारक (Reminder) — जब हम कोई पत्र किसी कार्रवाई के लिए किसी मंत्रालय/विभाग/कार्यालय को भेजते हैं और अपेक्षित कार्रवाई का उत्तर नहीं मिलता है तब हमें पत्र के इस प्रकार का प्रयोग करते हैं। पहली बार जब अनुस्मार भेजी जाती है तो उस पत्र के सबसे ऊपर दाईं ओर केवल अनुस्मार ही लिखते है। दूसरी बार जब अनुस्मार भेजते हैं तो उस पर अनुस्मार या अनुस्मारक-2 फिर इसी प्रकार अनुस्मार-3 आदि लिखते हैं। सबसे महत्वपूर्ण बात यह है कि अनुस्मार का पत्र का प्रारूप वही होगा जो मूल पत्र का था अर्थात यदि कार्यालय ज्ञापन भेजा गया था तो अनुस्मार कार्यालय ज्ञापन के रूप में ही भेजी जाएगी। यदि पत्र के रूप में था तो स्मार पत्र के रूप में ही प्रेषित किया जाएगा। यदि अर्द्ध-सरकारी पत्र के रूप में मूल पत्र भेजा गया था तो स्मार भी अर्द्ध-सरकारी पत्र ही लिखा जाएगा। हाँ, अनुस्मार का कलेवर छोटा होता है और पत्र के सबसे ऊपर दाईं ओर स्मार लिखा जाता है। अनुस्मार की भाषा वही होती है जो अन्य कार्यालयीन पत्रों की होती है, भाषा सरल और भाव स्पष्ट। इसके लिए अलग से किसी पत्र का नमूना देने की आवश्यकता नहीं है क्योंकि उपरोक्त बातों से सब स्पष्ट है।

****

16

पृष्ठांकन (Endorsement)

पृष्ठांकन (Endorsement) — जब कोई कागज अपने मूल रूप में अपने कार्यालय में सब को परिचालित (Circulate) करना हो, या जब कोई कागज को अपने मूल रूप में भेजने वाले को लौटाना हो, अथवा कोई मूल प्रति की जानकारी, कार्यवाही, सूचनार्थ या कार्यार्थ अन्य विभाग/कार्यालय या किसी अधिकारी को भेजनी हो तो पृष्ठांकन का प्रयोग करते है । इसका प्रयोग तब भी किया जाता है जब पत्र की मुख्य प्रति को पानेवाले के अतिरिक्त कई और जगह या किसी अन्य व्यक्ति को भी इसकी सूचना देनी होती है ऐसी स्थिति प्रायः किसी पत्र के साथ या अधिसूचना के साथ होता है। राज्य सरकारों के साथ पत्राचार या किसी केन्द्र सरकार के कार्यालय के साथ पत्राचार के मामले में पृष्ठांकन के जगह एक नया पत्र ही भेजना सर्वथा उचित है जिसके साथ संबंधित अनुलग्नकों को संलग्न कर प्रेषित करना चाहिए। पृष्ठांकन में कोई संबोधन या समापन/स्वनिर्देश नहीं होता है, केवल प्रेषक का नाम कोष्ठक में रहता है तथा उसका पदनाम नीचे और फिर इसके नीचे प्रेषक का फोन नंबर रहता है।

इसे दो तरह से किया जाता है। (क) मूल पत्र के नीचे लिखकर (ख) अलग से मसौदा बनाकर

1. प्राप्त पत्र पर ही अपने कार्यालय के पत्रावली (संचिका/मिसिल) का संख्या देकर इसके नीचे संबंधित को प्रतिलिपि सूचनार्थ अथवा आवश्यक कार्यार्थ लिखने के बाद अपने कार्यालय के जिस अधिकारी के हस्ताक्षर से भेजना हो उसका नाम, पदनाम दाईं ओर लिखकर इसे अनुमोदन हेतु प्रस्तुत करके अनुमोदनोपरांत प्रेषण शाखा द्वारा प्रेषण संख्यांक और दिनांक देने के बाद परिचालित कर सकते हैं।

2. अपने कार्यालय के एक पत्रावली से एक नया पत्र बनाकर कार्यालय ज्ञापन के शीर्षक से सभी संबंधित को प्रतिलिपि के माध्यम से परिचालित कर सकते हैं। कार्यालय ज्ञापन से इसीलिए क्योंकि हमें उस पत्र पर किये गए कृत कार्रवाई से भी अवगत होना पड़ सकता है। सूचना अथवा परिपत्र के माध्यम से नहीं दे

सकते हैं क्योंकि परिपत्र एक रेखीय मार्ग का अनुसरण करता है अर्थात इसमें कार्रवाई तो होती है पर हमें उत्तर का आशा नहीं रहता है। सूचना एक कार्यालय के लिए आंतरिक प्रयोग में लाया जाता है। सूचना का एक और प्रकार होता है जो दैनिक समाचार पत्रों में प्रकाशित किया जाता है पूरे जनसमूह को सूचना देने के लिए। यह भी एक रेखीय मार्ग वाला होता है, इसमें अनुपालन की अपेक्षा तो होती है पर उत्तर की नहीं। इसका शीर्षक (Heading) **"पृष्ठांकन"** नहीं लिख सकते हैं क्योंकि पृष्ठांकन एक पत्रावली (फाइल) के संख्या को दर्शाता है जो किसी को प्रतिलिपि भेजने के लिए प्रयोग किया जाता है। अतः केवल इसका शीर्षक "कार्यलय ज्ञापन" लिखकर ही इसे जारी कर सकते हैं।

पृष्ठांकन के पहले प्रकार का नमूना

मूल पत्र के नीचे निम्नलिखित रूप से लिखकर पृष्ठांकित किया जाता है।

पृष्ठांकन संख्या .... स्थान .... दिनांक ....

प्रतिलिपि :—

1. ....
2. ....
3. ....
4. ....

को सूचनार्थ / आवश्यक कार्यार्थ/शीघ्र अनुपालनार्थ प्रेषित की जा रही है।

(क ख घ)
पदनाम
फोन नंबर

पृष्ठांकन के दूसरे प्रकार का नमूना

अलग से प्रारूप तैयार कर पृष्ठांकित किया जाता है।

ईमेल / स्पीड पोस्ट

पत्रांक/ Letter No...

भारत सरकार/Govt. of India
.... मंत्रालय/Ministry of ....
कार्यालय का नाम
Name of the Office

पता ....
Address ....
फोन/Phone,......
ईमेल/email ....

दिनांक/ Dated ....

कार्यालय ज्ञापन

विषय : ग्रूप बीमा योजना के संबंध में वित्त मंत्रालय का परिपत्र के संबंध में।

ग्रूप बीमा योजना के संबंध में वित्त मंत्रालय के परिपत्र संख्या .... दिनांक .... को सूचनार्थ एवं आवश्यक कार्रवाई हेतु प्रेषित किया जाता है साथ ही कृत कार्रवाई से संबंधित को सूचना देना अपेक्षित है अतः यथाशीघ्र आवश्यक कार्रवाई कर सूचना उपलब्ध करायें ।

हस्ताक्षर
(नाम)
पदनाम

संलग्न – वित्त मंत्रालय का परिपत्र सं. .... दिनांक .... की प्रति।

प्रतिलिपि–

1 ....
2 ....
3 ....

****

17

अधिसूचना (Notification)

अधिसूचना (Notification) — यह 'आदि समाचारपत्र' का एक भेद है जिसका नामकरण और प्रकाशन, वेनिस की सरकार द्वारा सन् 1566 में गजट के रूप में हुआ। 1665 में इंग्लैंड में आक्सफर्ड गज़ट (Oxford gazette) प्रकाशित हुआ जो अगले वर्ष 'लंदन गज़ट' हो गया। वह ब्रिटिश सरकार का राजकीय मुख्य पत्र है। स्थानीय तथा प्रादेशिक समाचारों के ऐसे प्रकाशन समाचारपत्रों की ही श्रेणी में आते हैं, जैसे पालमाल गज़ट, सेंट जेम्स गज़ट, वेस्टमिंस्टा गज़ट आदि जो आज भी अस्तित्व में हैं।

भारतीय पत्रकारिता के इतिहास में प्रारंभिक अखबारों के बीच यही नाम प्रचलित हुआ, जैसे बंगाल गज़ट (1780), हिकी गज़ट (1780), इंडियन गज़ट (1780), मद्रास गज़ट (1795) आदि। इस प्रकार गज़ट प्रांतीय अखबारों का सूचक पद रहा है। भारतीय समाचारपत्र के लिए गज़ट शब्द का प्रयोग 20वीं शताब्दी के आरंभ तक बहुतायत से मिलता है किंतु अब यह नाम अप्रचलित है। सिविल मिलिटरी गज़ट, मसूरी गज़ट आदि गिने-चुने अंग्रेजी पत्र इसके अपवाद हैं। इसके विपरीत गज़ट ईस्ट इंडिया कंपनी के शासनकाल से ही विधिप्रारूपों, विभागीय सूचनाओं और विज्ञप्तियों के शासकीय प्रकाशनों के लिए प्रयुक्त होता आया है, जैसे उत्तरप्रद्रेश गज़ट, बिहार गज़ट आदि। इस दृष्टि से किसी प्रकार की स्वतंत्र अथवा वैयक्तिक सूचनाओं और राजपत्रों के लिए यह नाम रूढ़ है और अपनी इन विशेषताओं के कारण गज़ट आधुनिक समचारपत्र से भिन्न हो जाता है। इसे हम सरकारी और प्रशासकीय सूचनाओं तथा कार्यों का विवरण पत्र कह सकते हैं।

जिन अधिसूचना को भारत के राजपत्र में प्रकाशित नहीं किया जाता है और उसे समाचार पत्रों में प्रकाशित किया जाता है उसे प्रेस विज्ञप्ति या केवल विज्ञप्ति कहते हैं।

पत्र के इस रूप का प्रयोग भारतीय गजट (भारत का राजपत्र/Gazette of India) में प्रकाशन द्वारा सांविधिक नियमों और आदेशों का अनुपालन करने, मंत्रालय के विस्तार या विलय की सूचना, राजपत्रित अधिकार प्रदान करने, नियुक्तियाँ करने, राजपत्रित अधिकारियों की छुट्टी की मंजूरी, पदोन्नति, पदमुक्ति, वेतनवृद्धि, शासकीय आदेश, शासकीय अधिनियम जारी करने तथा राजपत्रित अधिकारियों को स्थानांतरण (तबादला) करने इत्यादि के लिए होता है। भारत का राजपत्र भारत सरकार द्वारा प्रकाशित एक आधिकारिक दस्तावेज एवं लोकपत्र है, जिसका प्रकाशन, आवासन एवं शहरी कार्य मंत्रालय के अधीन प्रकाशन विभाग द्वारा साप्ताहिक किया जाता है। अधिसूचनाएँ अन्य पुरुष में लिखी जाती है, जो अधिकारी या व्यक्ति विशेष को संबोधित करके नहीं लिखी जाती है। इसमें संबोधन, अधोलेख (स्वनिर्देश) आदि नहीं होती है।

भारतीय राजपत्र चार भागों में प्रकाशित होता है, और प्रत्येक भाग के कई अनुभाग होते हैं। जब कोई सामग्री भारत के राजपत्र में प्रकाशित होने के लिए भेजी जाती है तो इस विषय में स्पष्ट रूप से निर्देश दिया जाता है कि यह सामग्री किस गजट के किस भाग और किस अनुभाग से प्रकाशित की जाएगी।

भारतीय गजट पहले चार भागों में प्रकाशित हुआ करती थी। राजपत्रों में प्रकाशित होने वाली प्रत्येक सामग्री के लिए सह सचिव, या इससे उच्चतर स्तर के अधिकारी की स्वीकृति आवश्यक थी। इसलिए इनके प्रारूपों पर सह सचिव, या इससे उच्चतर अधिकारी के हस्ताक्षर होते थे। अलग-अलग भागों में निम्नलिखित ढंग की सामग्री प्रकाशित होती थी।

भाग 1 नई दिल्ली से प्रकाशित

अनुभाग/खण्ड 1— भारत सरकार के मंत्रालयों (रक्षा मंत्रालय को छोड़कर) द्वारा जारी किये गए संकल्पों (संस्तावों-Resolutions) तथा असांविधिक (Non-statutory) आदेशों के संबंध में अधिसूचनाएँ।

अनुभाग/खण्ड 2 — भारत सरकार के मंत्रालयों (रक्षा मंत्रालय को छोड़कर) द्वारा जारी की गई सरकारी अधिकारियों की नियुक्तियों, पदोन्नतियों आदि के संबंध में अधिसूचनाएँ।

अनुभाग/खण्ड 3 — रक्षा मंत्रालय द्वारा जारी किये गये संकल्पों तथा असांविधिक आदेशों के संबंध में जारी अधिसूचनाएँ।

अनुभाग/खण्ड 4 — रक्षा मंत्रालय द्वारा जारी किए गए सरकारी अधिकारियों की नियुक्तियों, पदोन्नतियों आदि के संबंध में अधिसूचनाएँ।

भाग 2 नई दिल्ली से प्रकाशित

खण्ड 1 — अधिनियम, अध्यादेश और विनिमय ।

खण्ड 2 — विधेयक, विधेयकों पर प्रवर (Superior) समितियों की रिपोर्टें।

खण्ड 3 — सामान्य सांविधिक नियम, आदेश और अधिसूचनाएँ जो रक्षा मंत्रालय के अतिरिक्त अन्य मंत्रालयों की ओर से जार की गई हों।

खण्ड 2 — रक्षा मंत्रालय द्वारा जारी किए गए सामान्य सांविधिक नियम, आदेश और अधिसूचनाएँ।

भाग 3 शिमला से प्रकाशित

खण्ड 1 — सर्वोच्च न्यायालय, महालेखा-परीक्षक, संघीय लोक-सेवा आयोग, रेलवे प्रशासन, उच्च न्यायालयों तथा भारत सरकार के संलग्न तथा अधीनस्थ कार्यालयों द्वारा जारी की गई अधिसूचनाएँ ।

खण्ड 2 — कोलकाता के पेटेंट कार्यालयों द्वारा जारी की गई अधिसूचनाएँ और सूचनाएँ।

खण्ड 3 — मुख्य आयुक्त (Chief commissioner) के प्राधिकार से जारी की गई अधिसूचनाएँ।

खण्ड 4 — विविध सूचनाएँ, जिनमें वैधानिक निकायों द्वारा जारी किये गए आदेश, अधिसूचनाएँ, विज्ञापन और सूचनाएँ सम्मिलित हैं।

भाग 4 शिमला से प्रकाशित

खण्ड 1 — गैर सरकारी व्यक्तियों तथा गैर सरकारी निकायों के विज्ञापन तथा सूचनाएँ।

विशेष – वर्तमान समय में अधिसूचनाओं पर संयुक्त सचिव स्तर के अधिकारी ही हस्ताक्षर करते हैं। इसमें कृते के रूप में हस्ताक्षर नहीं कर सकते हैं। इसके प्रकाशन में अति सावधानी रखी जाती है कि कहीं कोई त्रूटि न रहे और न कोई काट-छाँट हो। सभी अधिसूचनाएँ प्रबंधक, भारत सरकार के पास छपने के लिए भेजी जाती है। प्रथम प्रति जो टंकित रूप मे होती है उस पर स्याही से हस्ताक्षर

कर प्रेस को भेजी जाती है। शेष अन्य प्रतियों पर आवश्यक होने पर प्रतिलिपि भी पृष्ठांकन के रूप में छापे जाते हैं। प्रत्येक सांविधिक अधिसूचना की कम से कम दस प्रतियाँ जारी करनेवाले विभाग द्वारा राजपत्र में प्रकाशन के लिए भेजते समय ही विधि, न्याय और कंपनी कार्यालय, मंत्रालय के विधायी विभाग को भेजी जाती है। आम जनता के महत्व की प्रत्येक अधिसूचना की पन्द्रह प्रतियाँ अधिसूचना जारी करने वाले विभाग द्वारा राजपत्र में प्रकाशन के लिए भेजते समय ही संसद के पुस्तकालय को भेजी जाती है। अधिसूचना के द्वारा जब सांविधिक नियमों, आदेशों आदि की घोषणा की जाती है तब उसकी प्रतिलिपियाँ अन्यत्र भेजने की आवश्यकता नहीं होती है।

वर्तमान में राजपत्र पाँच भागों में प्रकाशित होती है जिसमें दूसरे भाग का प्रकाशन दिल्ली से और शेष भागों का प्रकाशन फरीदाबाद से होता है।

भाग —1 (इसमें 4 खण्ड है) फरीदाबाद से प्रकाशित

खण्ड-1 — भारत सरकार के मंत्रालयों द्वारा (रक्षा मंत्रालय को छोड़कर) जारी किए गए संकल्प और विधितर आदेशों से संबंधित अधिसूचनाएँ।

खण्ड-2 — सरकारी अधिकारियों की नियुक्ति, पदोन्नति आदि।

खण्ड-3 — रक्षा मंत्रालय द्वारा जारी किए गए संकल्प और विधितर आदेशों के संबंधित अधिसूचनाएँ।

खण्ड-4 — रक्षा मंत्रालय द्वारा सरकारी अधिकारियों की नियुक्ति और पदोन्नति आदि के संबंध में जारी की गई अधिसूचनाएँ।

भाग —2 (इसमें 4 खण्ड है) दिल्ली से प्रकाशित

खण्ड-1 — अधिनियम, अध्यादेश के प्रामाणिक पाठों का प्रकाशन।

खण्ड-2 — विधेयक और प्रवर समितियों की रिपोर्टें।

खण्ड-3 — उप खण्ड-1— भारत सरकार के मंत्रालयों, केंद्रीय प्राधिकारियों (संघ-शासित प्रदेशों के प्रशासन को छोड़कर) द्वारा जारी किए गए सामान्य सांविधिक नियम।

खण्ड-3 — उप खण्ड-2— भारत सरकार के मंत्रालयों, केंद्रीय प्रधिकारियों (संघ-शासित प्रदेशों के प्रशासन को छोड़कर) द्वारा जारी किए गए सांविधिक आदेश और अधिसूचनाएँ।

खण्ड-4 — रक्षा मंत्रालय द्वारा जारी किए गए सांविधिक नियम और आदेश।

भाग —3 (इसमें 4 खण्ड है) फरीदाबाद से प्रकाशित

खण्ड-1 — सर्वोच्च न्यायालय, नियंत्रक एवं महालेखा परीक्षक, संघ लोक सेवा आयोग, रेल प्रशासन, उच्च न्यायालयों और भारत सरकार के संबद्ध और अधीनस्थ कार्यालयों द्वारा जारी की गई अधिसूचनाएँ।

खण्ड-2 — पेटेंट कार्यालय, कोलकाता द्वारा जारी की गई अधिसूचनाएँ और सूचनाएँ।

खण्ड-3 — मुख्य आयुक्तों द्वारा या उनके प्राधिकार से जारी होने वाली अधिसूचनाएँ।

खण्ड-4 — विविध अधिसूचनाएँ जिनमें सांविधिक निकायों द्वारा जारी की गई अधिसूचनाएँ, आदेश, विज्ञापन और सूचनाएँ शामिल हैं।

भाग —4 (इसमें 1 खण्ड है) फरीदाबाद से प्रकाशित

खण्ड-1— इस खण्ड में गैर-सरकारी व्यक्तियों और निकायों के विज्ञापने और सूचनाएँ होती हैं।

भाग —5 (इसमें 1 खण्ड है) फरीदाबाद से प्रकाशित

खण्ड-1— इसमें जन्म-मृत्यु से संबंधित आँकड़े प्रकाशित होते हैं।

अधिसूचना का एक उदाहरण—

[भारत का राजपत्र,भाग-2, खंड 3, उपखंड (i)में प्रकाशनार्थ]

फा.सं.I/14034/02/2007-रा.भा.(नीति-1)

भारत सरकार

गृह मंत्रालय

राजभाषा विभाग

नई दिल्ली,दिनांक: अगस्त, 2007

अधिसूचना

का.आ. (अ). -- केन्द्रीय सरकार, राजभाषा अधिनियम, 1963 (1963 का 19) की धारा 3की उपधारा (4) के साथ पठित धारा 8द्वारा प्रदत्त शक्तियों का प्रयोग करते हुए, राजभाषा (संघ के शासकीय प्रयोजनों के लिए प्रयोग) नियम, 1976 का और संशोधन करने के लिए निम्नलिखित नियम बनाती है, अर्थात:-

1. (1) इन नियमों का संक्षिप्त नाम राजभाषा (संघ के शासकीय प्रयोजनों के लिए प्रयोग) संशोधन नियम, 2007 है ।

(2) ये राजपत्र में प्रकाशन की तारीख को प्रवृत्त होंगे ।

2. राजभाषा (संघ के शासकीय प्रयोजनों के लिए प्रयोग) नियम, 1976 में -

नियम 2 के खंड (च) के स्थान पर निम्नलिखित खंड रखा जाएगा,अर्थात्:-

(च) "क्षेत्र क"से बिहार,छत्तीसगढ, हरियाणा, हिमाचल प्रदेश, झारखंड, मध्यप्रदेश,राजस्थान, उत्तर प्रदेश,उत्तराखंड और राष्ट्रीय राजधानी क्षेत्र दिल्ली तथा अंडमान और निकोबार द्वीप समूह संघ राज्य क्षेत्र' अभिप्रेत हैं ।

ह./-
(पी.वी.वत्सला जी.कुट्टी)
संयुक्त सचिव,भारत सरकार

नोट— आवश्यकता होने पर राजपत्र का असाधारण अंक भी प्रकाशित किया जा सकता है। परंतु कोई भी सामग्री राजपत्र के असाधारण अंक में तब तक नहीं छपाई की जानी चाहिए , जब तक कि वह इतनी तात्कालिक न हो कि राजपत्र के आगामी साधारण अंक के छपने तक रोकी न जा सकती हो।

****

18

संकल्प / संस्ताव / प्रस्ताव (Rsolution)

संकल्प / संस्ताव/ प्रस्ताव (Rsolution) — इसका प्रारूप (मसौदा) बिलकुल अधिसूचना के समान होता है। पत्र-व्यवहार के इस रूप में (क) नीति संबंधी महत्वपूर्ण मामलों पर सरकार के निश्चयों को सार्वजनिक घोषणाएँ करने के लिए, (ख) जाँच समितिओं या जाँच आयोगों की नियुक्ति की घोषणा करने के लिए, (ग) इस प्रकार कि समिति या आयोगों के महत्वपूर्ण प्रतिवेदनों की समीक्षा के परिणामों की घोषणा करने के लिए किया जाता है। साधारणतया संकल्प भारत के राजपत्र में प्रकाशित किये जाते हैं। संकल्प को राजपत्र में प्रकाशित करने के लिए विशेष आदेश दिया जाता है जैसे- यह भी आदेश दिया जाता है कि इस संकल्प को जनसाधारण की जानकारी के लिए भारत के राजपत्र में प्रकाशित कर दिया जाए। वास्तव में सरकार द्वारा समय-समय पर निर्धारित की गई नीतियाँ ही संकल्प का मूलाधार होती है। संकल्प में भी आरंभ में निदेश दिया जाता है कि यह भारत के राजपत्र के किस भाग और किस खण्ड में प्रकाशित होगा। इसमें भी संबोधन और स्वनिर्देश नहीं होता है। संकल्प का भी प्रकाशन प्रबंधक, भारत सरकार मुद्रणालय से होता है। संकल्प सचिव या इससे नीचे के स्तर के अधिकारी के हस्ताक्षर से प्रकाशित होता है। आदेश दिया जाता है कि इस प्रस्ताव की प्रतिलिपि, प्रस्तावित समिति के अध्यक्ष तथा अन्य सदस्यों को दी जाए। यह भी आदेश दिया जाता है कि इसे राजपत्र में तथा जनसाधारण की सूचनार्थ देश के प्रमुख समाचार पत्रों में प्रकाशित कराने का प्रबंध किया जाए। संकल्प का नमूना नीचे दिया जा रहा है जिससे स्पष्ट होगा कि यह अधिसूचना के समान ही है ।

[भारत का राजपत्र,भाग-......., खंड ...., में प्रकाशनार्थ]

फा.सं...

भारत सरकार
गृह मंत्रालय
राजभाषा विभाग

नई दिल्ली, 18 जनवरी, 1968

संकल्प

"जबकि संविधान के अनुच्छेद 343 के अनुसार संघ की राजभाषा हिन्दी रहेगी और उसके अनुच्छेद 351 के अनुसार हिन्दी भाषा का प्रसार, वृद्धि करना और उसका विकास करना ताकि वह भारत की सामासिक संस्कृति के सब तत्वों की अभिव्यक्ति का माध्यम हो सके, संघ का कर्तव्य है :

यह सभा संकल्प करती है कि हिन्दी के प्रसार एंव विकास की गति बढ़ाने के हेतु तथा संघ के विभिन्न राजकीय प्रयोजनों के लिए उत्तरोत्तर इसके प्रयोग हेतु भारत सरकार द्वारा एक अधिक गहन एवं व्यापक कार्यक्रम तैयार किया जाएगा और उसे कार्यान्वित किया जाएगा और किए जाने वाले उपायों एवं की जाने वाली प्रगति की विस्तृत वार्षिक मूल्यांकन रिपोर्ट संसद की दोनों सभाओं के पटल पर रखी जाएगी और सब राज्य सरकारों को भेजी जाएगी ।

2. जबकि संविधान की आठवीं अनुसूची में हिन्दी के अतिरिक्त भारत की 21 मुख्य भाषाओं का उल्लेख किया गया है, और देश की शैक्षणिक एवं सांस्कृतिक उन्नति के लिए यह आवश्यक है कि इन भाषाओं के पूर्ण विकास हेतु सामूहिक उपाए किए जाने चाहिए :

यह सभा संकल्प करती है कि हिन्दी के साथ-साथ इन सब भाषाओं के समन्वित विकास हेतु भारत सरकार द्वारा राज्य सरकारों के सहयोग से एक कार्यक्रम तैयार किया जाएगा और उसे कार्यान्वित किया जाएगा ताकि वे शीघ्र समृद्ध हो और आधुनिक ज्ञान के संचार का प्रभावी माध्यम बनें ।

3. जबकि एकता की भावना के संवर्धन तथा देश के विभिन्न भागों में जनता में संचार की सुविधा हेतु यह आवश्यक है कि भारत सरकार द्वारा राज्य सरकारों के परामर्श से तैयार किए गए त्रि-भाषा सूत्र को सभी राज्यों में पूर्णत कार्यान्वित करने के लिए प्रभावी किया जाना चाहिए :

यह सभा संकल्प करती है कि हिन्दी भाषी क्षेत्रों में हिन्दी तथा अंग्रेजी के अतिरिक्त एक आधुनिक भारतीय भाषा के, दक्षिण भारत की भाषाओं में से किसी एक को तरजीह देते हुए, और अहिन्दी भाषी क्षेत्रों में प्रादेशिक भाषाओं एवं अंग्रेजी के साथ साथ हिन्दी के अध्ययन के लिए उस सूत्र के अनुसार प्रबन्ध किया जाना चाहिए ।

4. और जबकि यह सुनिश्चित करना आवश्यक है कि संघ की लोक सेवाओं के विषय में देश के विभिन्न भागों के लोगों के न्यायोचित दावों और हितों का पूर्ण परित्राण किया जाए

यह सभा संकल्प करती है कि-

(क) कि उन विशेष सेवाओं अथवा पदों को छोड़कर जिनके लिए ऐसी किसी सेवा अथवा पद के कर्त्तव्यों के संतोषजनक निष्पादन हेतु केवल अंग्रेजी अथवा केवल हिन्दी अथवा दोनों जैसी कि स्थिति हो, का उच्च स्तर का ज्ञान आवश्यक समझा जाए, संघ सेवाओं अथवा पदों के लिए भर्ती करने हेतु उम्मीदवारों के चयन के समय हिन्दी अथवा अंग्रेजी में से किसी एक का ज्ञान अनिवार्यत होगा; और

(ख) कि परीक्षाओं की भावी योजना, प्रक्रिया संबंधी पहलुओं एवं समय के विषय में संघ लोक सेवा आयोग के विचार जानने के पश्चात अखिल भारतीय एवं उच्चतर केन्द्रीय सेवाओं संबंधी परीक्षाओं के लिए संविधान की आठवीं अनुसूची में सम्मिलित सभी भाषाओं तथा अंग्रेजी को वैकल्पिक माध्यम के रूप में रखने की अनुमति होगी ।"

ह./-
(आर.डी.थापर)
संयुक्त सचिव,भारत सरकार

सेवा में,
प्रबंधक,
भारत सरकार प्रेस
फरीदाबाद-121001
(हरियाणा)

आदेश — आदेश दिया जाता है कि संसद के दोनों सदनों द्वारा पारित यह संकल्प भारत के राजपत्र में तथा आम जानकारी के लिए देश के प्रमुख समाचार पत्रों में प्रकाशित कराने का प्रबंध किया जाए।
यह भी आदेश दिया जाता है कि इस संकल्प की प्रतिलिपि प्रस्तावित समिति के अध्यक्ष तथा सदस्यों को दी जाए।

प्रतिलिपि —

1. ....
2. ....
3. ....
4. ....
5. ....

ह./-
(च छ ज)
उप सचिव,भारत सरकार

****

19

प्रेस विज्ञप्ति (Press Communiquè)

प्रेस विज्ञप्ति (Press communiqué) — अब जबकि पूर्व में ही कह दिया गया है कि जिन अधिसूचना को भारत के राजपत्र में प्रकाशित नहीं किया जाता है और उसे समाचार पत्रों में प्रकाशित किया जाता है उसे प्रेस विज्ञप्ति या केवल विज्ञप्ति कहते हैं। विज्ञप्ति शब्द से तात्पर्य है सूचित करने की क्रिया। सरकारी या गैर सरकारी प्रतिष्ठान अपने किसी गतिविधियों, आयोजनों, नीतिगत निर्णयों, निश्चयों, घोषणाओं, निर्देशों, योजनाओं, अंतर्राष्ट्रीय समझौतों, परीक्षा परिणामों, पदों को भरने संबंधी सूचना आदि से सम्बन्धित सूचनाओं को सम्बन्धित व्यक्तियों एवं आम जनता तक पहुँचाना चाहते हैं, तो विज्ञप्ति की आवश्यकता होती तो उसे व्यापक प्रसार हेतु समाचार पत्रों में भी प्रकाशित किया जाता है, इसे ही विज्ञप्ति कहते हैं। प्रेस विज्ञप्ति एक औपचारिक पत्राचार का प्रकार है अतः समाचार पत्र के संपादक को इसमें काट-छाट करने की अनुमति नहीं होती है। प्रेस विज्ञप्ति छपवाने के लिए पैसे नहीं देने पड़ते हैं। प्रेस विज्ञप्ति के साथ एक कवरिंग पत्र भी भेजा जाता है जिसमें यह स्पष्ट किया रहता है कि इसे किस तिथि को और किस समय से पूर्व न प्रकाशित किया जाए, उसमें उस विज्ञप्ति के प्रकाशन की दिनांक, अखबार की पृष्ठ संख्या तथा आकार का उल्लेख किया जाता है। प्रेस विज्ञप्ति में सबसे ऊपर दाहिनी और प्रकाशनार्थ/प्रसारणार्थ शब्द लिखा जाता है। यह पत्र सरकारी विभाग/कार्यालय के कार्यालयाध्यक्ष या कार्यालय प्रमुख के हस्ताक्षर से जारी किया जाता है। इसकी भाषा भी कार्यालयीन भाषा होती है, जो अन्य पुरुष में लिखी जाती है। इसमें एक विषय देकर प्रकाशित किया जाता है। विषय से पूर्व ऊपर मध्य में प्रेस विज्ञप्ति लिखा जाता है। इसमें संबोधन और स्वनिर्देश नहीं होता है। विषय के बाद कलेवर होता है। कलेवर के बाद नीचे मध्य में या बाईं ओर प्रकाशित करने वाले मंत्रालय/विभाग/कार्यालय का नाम रहता है। इसके बाद नीचे स्थान और दिनांक रहता है। इसके नीचे संख्या लिखा रहता है। इसके नीच से आदेश लिखा जाता है जैसे- "मुख्य सूचना अधिकारी, प्रेस सूचना ब्यूरो, भारत सरकार, नई दिल्ली/संपादक .... नई दिल्ली/मुंबई/कोलकाता/चेन्नई

को यह प्रेस विज्ञप्ति विस्तृत प्रचार और प्रकाशनार्थ प्रेषित की जाती है।" समाचारपत्रों या अन्य प्रसारकों के पास भेजने के लिए सभी प्रेस विज्ञप्ति/प्रेस टिप्पणी प्रधान सूचना अधिकारी, प्रेस सूचना ब्यूरो के कार्यालय से ही जारी किया जाते हैं।

प्रेस विज्ञप्ति का नमूना —

[दिनांक .... समय .... से पूर्व न प्रकाशित किया जाए]

प्रेस – विज्ञप्ति

रविवार को भी खुले रहेंगे विद्यालय

दिनांक 10 जनवरी 2020, रविवार को चिकित्सा एवं स्वास्थ्य विभाग द्वारा पल्स पोलियो टीकाकरण का अभियान रखा गया है, जिसमें 0 से 5 वर्ष की आयु के बच्चों को पोलियों वैकसीन की दो बूँदे पिलाई जायेगी। अतः समस्त प्राथमिक शिक्षण संस्था प्रधान (सरकारी एवं गैर सरकारी प्राथमिक विद्यालय) उक्त दिवस को विद्यालय खुला रखेंगे एवं अभियान में सहयोग प्रदान करेंगे।

बिहार सरकार
शिक्षा विभाग

जिला शिक्षा कार्यालय
पटना

पत्रांक जिशिअ/प्राशि/सी/सा/2018/107-पटना दिनांक 5/12/2020

मुख्य सूचना अधिकारी, प्रेस सूचना ब्यूरो, बिहार सरकार, पटना को यह प्रेस विज्ञप्ति विस्तृत प्रचार और प्रकाशनार्थ भेजी जाती है।

हस्ताक्षर
जिला शिक्षा अधिकारी
पटना

नोट- प्रेस विज्ञप्ति में किस तिथि को और किस समय से पूर्व न प्रकाशित किया जाए का अर्थ है कि प्रेस विज्ञप्ति को दी गई समय सीमा बाद प्रकाशित किया जाए। यदि विज्ञप्ति की सूचना कार्यालय के कर्मचारियों तक ही पहुँचाना

हो तो उसे "सूचना" के प्रारूप में लिखकर कार्यालय के सूचना पट्ट पर लगवा दिया जाता हैं ।

प्रेस विज्ञप्ति (Press Release) — जब कोई प्रेस विज्ञप्ति किसी सरकारी संस्था जैसे – भारत सरकार, कोई राज्य सरकार या अन्य शासकीय संगठन द्वारा निकाला जाता है तो इसे प्रेस विज्ञप्ति कहते हैं जिसका अंग्रेजी पर्याय Press communiqué होता है, जबकि इसे जब किसी कंपनी, किसी संगठन या किसी व्यक्ति द्वारा निकाली जाती है तो इसे Press Release अर्थात प्रेस विज्ञप्ति कहते हैं।

****

20

प्रेस नोट / टिप्पणी (Press Note)

प्रेस नोट/ टिप्पणी (Press Note) — प्रेस टिप्पणी का मुख्य कार्य है सूचना को प्रकाशित करना। भारत सरकार या कोई राज्य सरकार अपनी सूचनाओं को व्यापक प्रचार-प्रसार के लिए प्रेस टिप्पणी का प्रयोग करती है। सामान्यतः किसी सरकारी अथवा गैर-सरकारी संस्था द्वारा अपनी विविध गतिविधियों/आयोजनों/नीतिगत निर्णयों/निश्चयों/योजनाओं आदि का व्यापक प्रचार-प्रसार करने के लिए सामाचार-पत्रों के लिए जो संक्षिप्त एवं सारगर्भित रिपोर्ट तैयार की जाती है, वह प्रेस-नोट कहलाती है। प्रेस विज्ञप्ति और प्रेस टिप्पणी का प्रारूप एक दूसरे से थोड़ा हटके होता है। प्रेस टिप्पणी में केवल शीर्षक "प्रेस टिप्पणी" होता है पर कोई विषय नहीं लिखा जाता है। इसमें कोई संबोधन और समापन (स्वनिर्देश) नहीं होता है। इसके बाद कलेवर और इसके नीचे दाईं ओर भेजने या जारी करने वाले अधिकारी का हस्ताक्षर, नीचे नाम और पदनाम रहता है। इसके बाईं ओर भेजने वाले मंत्रालय/विभाग/कार्यालय का नाम स्थान और दिनांक लिखा जाता है। इसके बाद बाईं ओर ही प्रतिलिपि लिखी जाती है और जिन-जिन समाचार पत्रों में छपने के लिए देना है उसका नाम पता क्रमवार लिखा जाता है साथ ही निदेश भी रहता है कि प्रेस टिप्पणी प्रकाशनार्थ भेजी जाती है। यह अनौपचारिक होता है। इसमें संपादक अपनी सुविधानुसार इसकों संपादित भी कर सकते हैं और उसका आकार छोटा या बड़ा कर सकते हैं। संपादन करते समय बस इतना ध्यान रखना होता कि कहीं इसका भाव न बदल जाए। प्रेस टिप्पणी में अंतर्देशीय मामलों से संबंधित सूचनाएँ ही केवल प्रकाशित की जा सकती है। प्रेस टिप्पणी को प्रकाशित करने के लिए कोई समय सीमा की पाबंदी नहीं होती है। प्रेस टिप्पणी के छापने के पैसे भी देने पड़ते हैं जिसका वहन वह विभाग/कार्यालय करता है।

<u>प्रेस टिप्पणी</u>

.... प्रेस टिप्पणी का कलेवर

....

....

.....

ह./-
(क ख ग)
पदनाम

.... सरकार
.... मंत्रालय
.... विभाग
कार्यालय ....
स्थान ....
दिनांक ....

प्रतिलिपि:— प्रेस टिप्पणी प्रकाशनार्थ प्रेषित है –

1. श्रीमान सम्पादक, हिन्दुस्तान, पटना
2. श्रीमान सम्पादक, दैनिक भास्कर, पटना
3. श्रीमान सम्पादक, दैनिक जागरण, पटना
4. श्रीमान सम्पादक, द हिन्दू
5. श्रीमान सम्पादक, द टाइम्स ऑफ इंडिया
6. श्रीमान सम्पादक, हिन्दुस्तान टाइम्स

****

21

अंतरविभागीय टिप्पणी / अशासनिक टिप्पणी / अनौपचारिक निर्देश (Unofficial Note / U.O. Note / U.O. Reference)

अंतरविभागीय टिप्पणी का प्रयोजन —

अंतरविभागीय टिप्पणी पत्राचार का एक माध्यम है। इसका प्रयोग मंत्रालयों और दूसरे विभागो के बीच अथवा एक मंत्रालय एवं इससे संबद्ध अधीनस्थ कार्यालयों के बीच किया जाता है। जब पहले से विद्यमान किसी आदेशों या लंबित मामलों के निपटान हेतु किसी वर्तमान नियमों, अनुदेशों आदि के बारे में जानकारी लेने या किसी चिज के बारे में स्पष्टीकरण प्राप्त करने या कोई विशेषज्ञों / सक्षम पदाधिकारी की किसी विषय पर सुझाव, सहमति, सम्मति (पक्की राय), स्पष्टीकरण या व्याख्या आदि लेने अथवा कोई कागजात प्राप्त करने की आवश्यकता होने पर किया जाता है।

अंतरविभागीय टिप्पणी का मसौदा/प्रारूप —

सबसे ऊपर मध्य में मंत्रालय / विभाग का नाम लिखा जाता है। इसके दाईं तरफ विभाग का पता लिखा जाता है। नीचे कोई दिनांक आदि नहीं लिखी जाती है। इसके बाद विषय लिखा जाता है। अनौपचारिक या अंतरविभागीय टिप्पणी में न तो कोई संबोधन होता है और न ही कोई स्वनिर्देश अर्थात समापन। विषय के बाद सीधे कलेवर होता है। ज्यादा सारगर्भित रूप में लिखते हुए इसे अनुच्छेदवार लिखा जाता है। इसकी वाक्य विन्यास प्रायः अन्य पुरुष में होती है। इसमें आदेशात्मक भाषा का प्रयोग नहीं किया जाता है इसमें निवेदनयुक्त भाषा शैली का व्यवहार किया जाता है। समापन में केवल प्रषेक का दिनांकित हस्ताक्षर जिसके नीचे प्रेषक का नाम, पदनाम और दूरभाष संख्या होता है। अब जिस मंत्रालय या विभाग को भेजना होता है उसके अधिकारी का पदनाम और पता

बाईं ओर लिखा जाता है और उसके नीचे एक पंक्ति खींच दिया जाता है। इसके बाद इस लाइन के नीचे प्रेषक के यहाँ से जिस पत्रावली(संचिका/मिसिल) से भेजी जाती है उसकी संख्या (अंतरविभागीय टिप्पणी संख्या..........) लिखी जाती है और उसके आगे दिनांक लिखा जाता है अंत में इसे संबंधित प्रेषिती विभाग को प्रेषित कर दिया जाता है।

अंतरविभागीय नोट दो प्रकार से लिखी जाती है।

1. संचिका (पत्रावली) पर लिखकर संचिका प्रेषित कर दिया जाता है।
2. स्वतः पूर्ण टिप्पणी लिखकर टिप्पणी पृष्ठ भेजकर जानकारी प्राप्त की जाती है।

प्रारूप का नमूना

.... मंत्रालय
.... विभाग

विषय ....

.... अंतरविभागीय टिप्पणी का कलेवर
....
....

ह./-
(क ख ग)
पदनाम

(प्रेषिती का विवरण)
पदनाम.......
.... सरकार
.... मंत्रालय
.... विभाग
कार्यालय ....
पता ....

प्रेषक विभाग की पत्रावली की संख्या (अं. वि. टि. सं. ....) दिनांक ....

****

22

ईमेल (Email)

ईमेल (Email) — वैदेशिक तार (Cablegram), द्रुत पत्र (Express Letter), मितव्यय पत्र (Savingram Letter), तार (Telegram/ Telegraph / Telex) और फैक्स (Fax) जैसे पत्राचार के साधनों के प्रयोग अप्रचलित हो गये हैं और इन सबका स्थान ईमेल ने ले लिया है। टेलीग्राफ आधुनिक डिजिटल संचार का अग्रदूत था। यह चिर सत्य है कि हाथ से लिखे पत्र ज्यादा व्यक्तिगत होते हैं बनिस्बत ईमेल के। ईमेल लिखित पत्राचार के साधनों में सबसे सस्ता है। ईमेल भेजना, या पढ़ना उनके लिए बहुत आसान है जो कम्प्यूटर में साक्षर है। वर्तमान में ऑनलाइण शिक्षण होने के कारण ईमेल की भूमिका बढ़ गई है। बहरहाल ईमेल हमारे जीवन का एक अभिन्न हिस्सा बन गया है।

ईमेल भेजने के लिए सबसे पहले तो आपके पास किसी भी ईमेल/मेलबॉक्स सेवा दाता के वेबसाइट से एक ईमेल बनाना होगा या फिर आपके कार्यालय द्वारा आपका एक सरकारी ईमेल खाता NIC से बनाया जाएगा। ईमेल में दो भाग होते हैं— पहला आपका संक्षिप्त कोड जो आपके नाम, पता, कुछ संख्या आदि से मिलकर बनता है। दूसरा डोमेन जो @gmail.com, @yahoo.com, @outlook.com, @hotmail.com, @departmentname.gov.in, @companyname.com, @gov.in, @nic.in, etc. ध्यान देने वाली बात यह है कि ईमेल हमेशा छोटे अक्षर में अर्थात Small letters में लिखे जाते हैं। हाँ जब आप अपने बच्चे (Miner child) का बनाते है अर्थात Sign up करते है तो उसे अपने माता या पिता के ईमेल से लिंक करना होता है तभी बच्चे का ईमेल बन पाएगा। इससे फायदे भी हैं कि आप अपने ईमेल से बच्चे के द्वारा मोबाईल पर की गई गतिविधियों पर नज़र रख सकते हैं।

सरकारी ईमेल अर्थात NIC ईमेल Gov ईमेल बनाने के लिए एक गैर-सरकारी ईमेल और एक सक्रिय / चालू मोबाइल नंबर होना जरूरी है। इसके बगैर कोई भी सरकारी ईमेल नहीं बन सकता है। क्योंक सरकारी ईमेल बनाते समय इन दोनों को सत्यापित किया जाता है। बाद में पासवर्ड आदि भूलने पर इन्हीं के माध्यम से पासवर्ड पुनः प्राप्त किया जाता है।

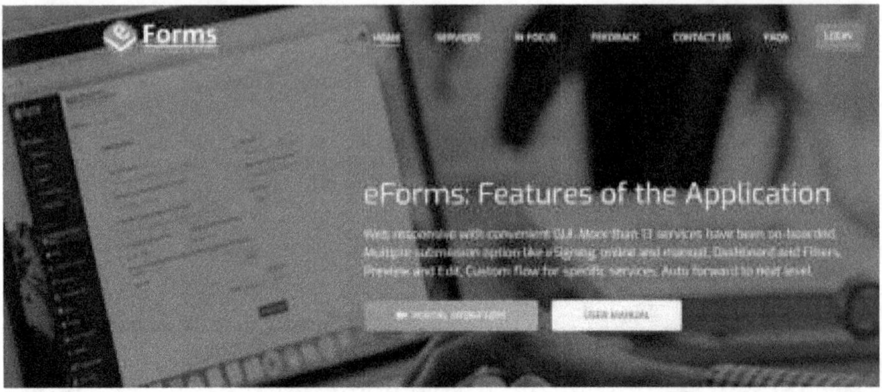

आप जब अपना कोई गैर सरकारी ईमेल Sign up कर लिये हैं मतलब बना लिये हैं तो अब आगे बढ़ते हैं और नया NIC ईमेल बनाने के लिए वेबसाइट https://eforms.nic.in पर जाते हैं। इसके लिए पहले eforms.nic.in के वेबसाइट पर जाकर जो पेज खुलता है उस पेज में ऊपर दाईं ओर Login पर क्लिक करने पर एक पेज पुनः खुलता है जिसमें एक वैकल्पिक ईमेल आई डी (gmail/yahoo etc) और मोबाइल नम्बर माँगी जाती है जिसे भरके आगे बढ़ने पर OTP के द्वारा मोबाईल और संदर्भित ईमेल को सत्यापित किया जाता है। फिर आगे बढ़ते हुए अपना ईमेल बनाते हैं जिसे अपने विभाग के संबंधित कार्यालय अध्यक्ष के माध्यम से अपने ईमेल को बनाने के लिए NIC के पास भेजते हैं । ईमेल बन जाने के बाद इसकी संपुष्टी SMS के द्वारा प्राप्त हो जाता है।

आप जब सरकारी इमेल से लॉगइन करते हैं तो www.email.gov.in से सर्च करते हैं। सर्च करने के बाद कुछ इस तरह का पेज दिखाई देता है—

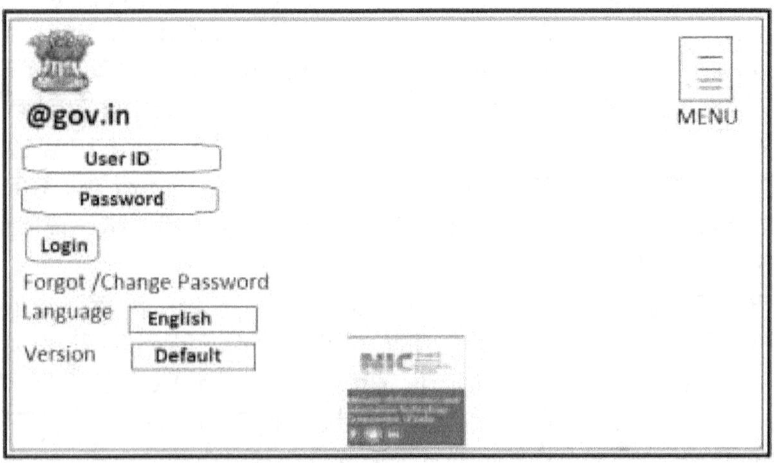

वर्तमान में भारत सरकार के निर्देशानुसार सभी कम्प्यूटरों, एन्ड्रॉयड मोबाइल या आइफोन पर kavach.msi फाइल को डाउनलोड कर इसे अपने डिवाइस में चालू कराना है अन्यथा आप अपना कोई भी सरकारी ईमेल नहीं खोल सकते हैं। इसके लिए आपको kavack.mail.gov.in पर जाकर अपने सरकारी ईमेल से लॉगइन करके अपने डिवाइस के अनुरूप kavach.msi फाइल को डाउनलोड करना है। इसे अपने सिस्टम में Run कराने के बाद पुनः अपने सरकारी ईमेल से लॉगइन करना है तथा अपने मोबाइल पर प्राप्त OTP से सत्यापित करना है। फिर आप जब-जब लॉगइन करेंगे आपको कवच पर दिखाई देने वाले OTP नंबर को अपने पासवर्ड के बाद जोड़कर लॉगइन करना होगा। OTP प्रत्येक 30 सेकेन्ड में स्वतः बदलता रहेगा अगर इंटरनेट की स्पीड कम है तो लॉगइन करने में असफल होंगे।

अगर ई-कार्यालय (eOffice) के पेज से ईमेल को लॉगइन करते हैं तो कुछ इस तरह का पेज दिखाई देता है —

यहाँ नीचे ईमेल का Screen कैसा दिखता है जिसमें इनबॉक्स को दिखलाते हैं बाकी सेंट आदि में भी इसी तरह का दिखता है। कुछ अन्य ईमेल सर्विस प्रदाता अपना अलग-अलग तरह का स्क्रीन दिखाते हैं पर मुख्यतः सबमें कुछ समान

चिजें होती है। अब उदाहरण के लिए उपरोक्त Screen विभिन्न ईमेल सेवा प्रदाताओं द्वारा अलग-अलग तरह का हो सकता है कोई मेनू ऊपर के पंक्ति में रहता है तो कोई बाईं तरफ ऊपर से नीचे की ओर स्तम्भ के रूप में। ऊपर दाईं ओर कोने में आपका नाम या नाम का अक्षर रहता है जहाँ पर क्लिक करके आप Sign out / Log out कर सकते हैं। तो जब आप Login करते हैं और किसी को ईमेल भेजना चाहते हैं तो उसका ईमेल खाता (Email ID) आपके पास अवश्य होना चाहिए।

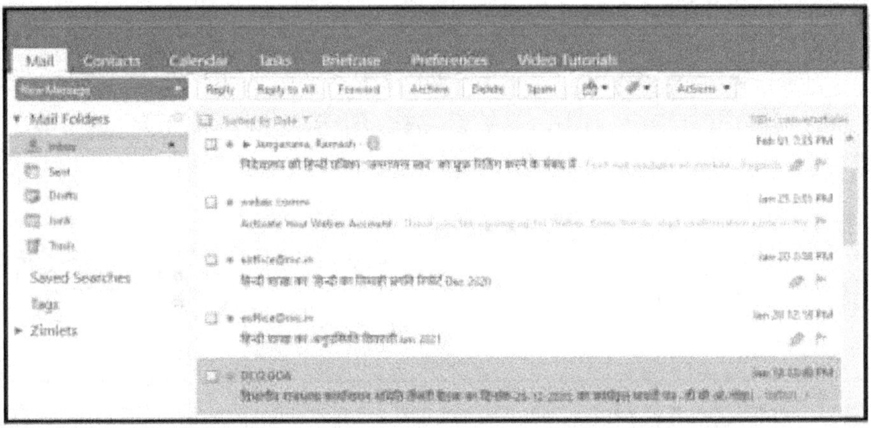

ईमेल का format —

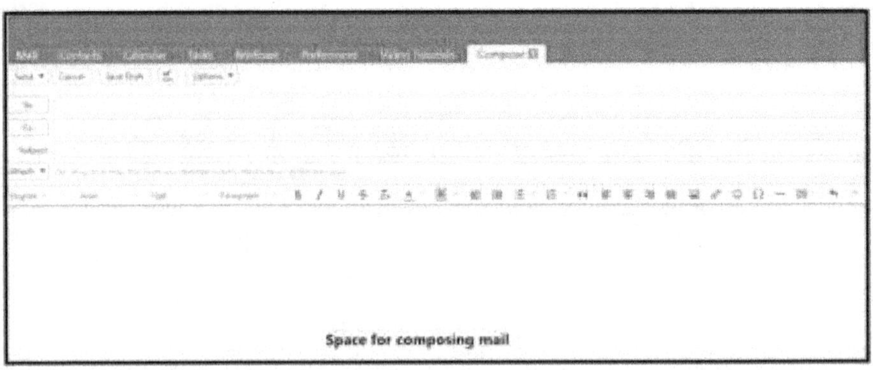

ईमेल नाम से स्पष्ट है कि कोई डाक/मेल इलेक्ट्रानिक रूप में भेजी जाती है। अब जब ईमेल लिखने के लिए जाते हैं अर्थात Compose / New message पर क्लिक करते हैं तो कम्प्यूटर पर उपर्युक्त प्रकार का Screen दिखेगा जबकि मोबाइल में कुछ भाग (CC, BCC) छिपा रहता है परंतु To के लाइन में आगे Selection का विकल्प दिया रहता है जिस पर टच करने से दिखने लगता है ।

To — इसमें एक या एक से ज्यादा लोगों को एक ही ईमेल भेज सकते हैं। आप जितने चाहें ईमेल एड्रेस डाल सकते हैं आपकी ईमेल एक बार में ही सबके पास पहुँच जाती है। अगर आपने कोई Contact समूह (Group) बना रखा है जैसे यहाँ देखें —

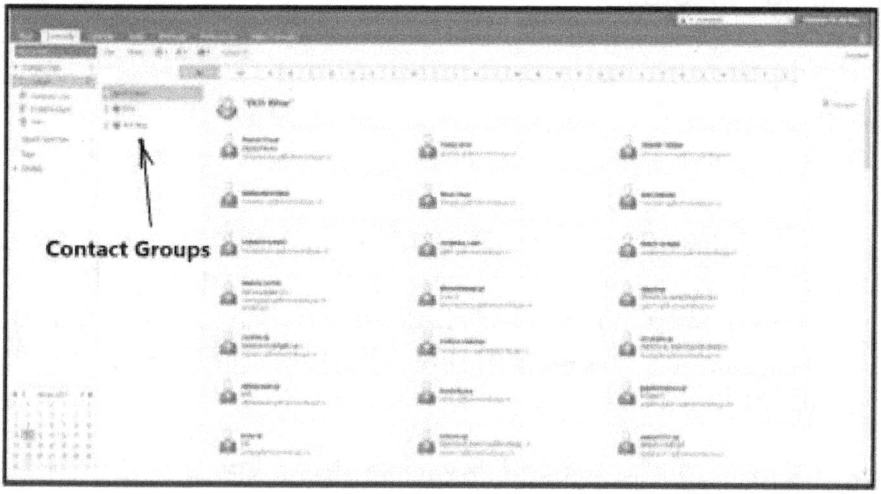

तो उस पूरे समूह को एक बार में संदेश भेज सकते हैं इसके लिए संबंधित Contact group name में टिक करके Action पर क्लिक करके New Email का चयन करने पर पूरे समूह का ईमेल आई डी To के सम्मुख बॉक्स में दिखाई देने लगता है।

CC — (CC— Carbon Copy) अगर आप किसी एक व्यक्ति को ईमेल भेजना चाहते हैं और साथ ही आप यह भी चाहते हैं कि बाकी के लोगों को पता रहे कि आपने क्या ईमेल भेजा है तो आप बाकी लोगों का ईमेल एड्रेस CC Field में डाल सकते हैं।

BCC— Blind Carbon Copy (BCC) To और CC से बहुत अलग होता है। अगर आप 3 लोगों को ईमेल भेज रहे हैं और BCC का इस्तेमाल कर रहे हैं आपने पहले व्यक्ति को To में रखा है, दूसरे व्यक्ति को CC में रखा है और तीसरे व्यक्ति को BCC में रखा है तो "To और CC" एक-दूसरे की ईमेल आई-डी देख सकते हैं। लेकिन BCC में किसे रखा गया है यह To और CC नहीं देख सकते हैं। BCC में किसे ईमेल भेजी गई है यह सिर्फ ईमेल भेजने वाले व्यक्ति को ही पता रहता है। लेकिन BCC में जिस व्यक्ति को रखा गया है वह To और CC में रखे गये व्यक्ति की ईमेल आईडी देख सकता है

Attachment /Attach—ईमेल के साथ भेजे जाने वाले फाइल, फोटो आदि को अनुलग्नक (Attachment) पर क्लिक कर संलग्न कर देते हैं। अनुलग्नक कई प्रकार के हो सकते हैं। जैसे-

- Image (photo),
- Video,
- MP3,
- Document,
- Pdf

कुछ फॉरमेट ईमेल में attaching सपोर्ट नहीं करता है जैसे .exe, .msi, .mar, .mam, .mag, .mas, .mat, .mad, .maf, .msp, .ops, .osd, .tmp, .url, .vb, .adp, .app, .com, .chm, .bas. .gz, .bz2, .zip, .tgz, .cnt, .inf, .isp, .its, .js, .jse आदि फाइल। सभी ईमेल सेवा दाता एक निश्चित आकार (Size) तक ही अनुलग्नक भेजने की क्षमता प्रदान करते हैं।

Compose — इस स्थान पर जो विषय वस्तु लिखना होता है उसे लिखते हैं। संबोधन, कलेवर, संक्षिप्त विदाई सूचक शब्द, स्वनिर्देश, और हस्ताक्षर होते हैं । हस्ताक्षर का स्थान खाली रहता है जबकि नाम और पता नीचे लिखा रहता है। इसमे सभी चिजे बाईं तरफ रहती है जैसे – संबोधन, कलेवर, स्वनिर्देश, नाम आदि ।

ईमेल लिखने के टिप्स —

From— प्रेषक का ईमेल ID, System द्वारा पूर्व से ही चयनित रहता है अर्थात यह Login/Sign in करते ही Default दिखाई देता है, क्योंकि ईमेल भेजने के लिए एक ईमेल ID से Login या Sign in करना होता है तभी आप किसी को ईमेल भेज सकते हैं। Log in या Sign in का अर्थ होता है कि जो ईमेल आपने बनाया अर्थात Sign up या Register किया है उसे वास्तव में आप ही खोल रहे हैं। Sign in का शब्दकोशीय अर्थ है- To record the arrival of another or oneself by signing a register. इस प्रकार यह किसी वेबसाइट पर किसी को आने की सूचना देता है, जबकि Sign out का अर्थ है उस स्थान से प्रस्थान करना।

To— इसमें प्रेषिती (Addressee) का ईमेल ID लिखा जाता है।

Subject— विषय संक्षिप्त, आसान, सूचनाप्रद, और अर्थपूर्ण होना चाहिए । ऐसा लिखा होने से पाने वाला एक ही झलक में समझ जाये कि नीचे किस चिज के बारे में कहा गया है। विषय में Hi, Hello, Need for. आदि शब्दों का प्रयोग नहीं करना चाहिए।

Message — ईमेल में संदेश का आरंभ सबसे पहले Addressing word से लिखना चाहिए जैसे- महोदया/महोदय का प्रयोग सरकारी अधिकारियों के लिए किया जाता है। गैर सरकारी संस्थानों के लिए Dear Madam / Dear Sir, Dear Ram, etcetera का प्रयोग किया जाता है। औपचारिक पत्रों में कोई अभिवादन (Salutation) का प्रयोग नहीं होता है फिर भी Dear या प्रिय एक Standard salutation है। व्यक्तिगत और अनौपचारिक ईमेल में अभिवादन दे सकते हैं, Hi, Hello आदि का प्रयोग कर सकते हैं।

प्रथम कुछ पंक्तियों में अपने बारे में कहें यदि ईमेल आपकी ओर से पहल किया जा रहा है, अन्यथा संबंधित के ईमेल/पत्र का हवाला (mention) करते हुए लिखा जाना चाहिए। संदर्भ का प्रयोग तभी होता है जब किसी विषय पर पहले से चर्चा हुई होती है। अपने संदेश को अपने विषयाधीन केन्द्रित रहते हुए पढ़ने योग्य लिखना चाहिए। अपने दिमाग में बेतरतीबी से (haphazardly) आ रहे सभी विचारो को नहीं लिखना चाहिए। अपने ईमेल को व्यवस्थित और संक्षिप्त रखें। यदि आपके एक से अधिक प्रश्न हैं तो उसे अनुच्छेदवार संख्या या बुलेट देकर लिखना चाहिए। अनुच्छेदों को संक्षिप्त रखना चाहिए। उप बिन्दू के लिए नए अनुच्छेद का प्रयोग करना चाहिए। इससे प्रेषिती को पढ़ने और समझने में आसानी होगी कि आप क्या कहना चाहते हैं। अनौपचारिक पत्रों में भी ज्यादा प्रशंसा नहीं रहना चाहिए। नकारात्म विचारों का समावेश नहीं किया जाता है। अपने संदेश को साफ-सुथरा रखना जरूरी है। बधाई से संबंधित संदेश को संक्षिप्त होना जरूरी है।

अपने वर्तनी और विराम चिह्न को सही से प्रयोग करना चाहिए। अगर आप अंग्रेजी में लिख रहे हैं तो Capitalization, Spelling, Punctuation पर तो ध्यान दे ही साथ ही SMS की तरह कोई संक्षिप्त शब्द का प्रयोग नहीं करें जैसे cld u provide me.... यहाँ पर Could you लिखना चाहिए। किसी वाक्यांश के लिए Acronym (जैसे-BTW-by the way, TIA- transient ischemic attack) और मनोभाव के लिए Emoticon एवं Lipogram (एक पाठ जो वर्णमाला के किसी विशेष अक्षर या विशेष अक्षर समूह को बाहर किया जाता है) का प्रयोग नहीं करना चाहिए। प्रत्येक अगले अनुच्छेद (passage/ paragraph) के लिए वर्तमान अनुच्छेद के बाद एक पंक्ति छोड़ दें अर्थात दो अनुच्छेदों के बीच एक

पंक्ति रिक्त रखा कीजिए। नाजुक फ़र्क के लिए किसी विचित्र अक्षराकृति से बचना चाहिए। अपने कलेवर (text) में अक्षरों को सादा, सरल स्पष्ट रखना चाहिए। कलेवर (Text/Cadre) को पूर्णतः Capital letter में नहीं लिखना चाहिए। सभी अक्षर जब बड़े अक्षरों में लिखे जाते हैं तो इससे चिल्लाहट का भाव व्यक्त होता है, इसलिए इससे बचना जरूरी है नहीं तो पाठक को लगेगा कि आप बहुत क्रोधी हैं। किसी Lyric, Stanza (Poetic Form) का प्रयोग नहीं करना चाहिए। Nonstandrd spelling जैसे- **Ya** (You), **Ain't** (Am not, isn't, aren't, hasn't, haven't) से परहेज करना चाहिए।

Complementry close— Formal Letter में परिपूरक समाप्ति (complementary close) संबंधित संक्षिप्त शब्दों का प्रयोग करना चाहिए जैसे– Regards (सादर), Fond regards (सादर), Best regards (सादर), With appreciation, With regards (सादर), Kind regards (सादर), With compliments, Thank you for your consideration, Thank you for your assistance, Thank you for your opinion, With deepest sympathy, With gratitude, Adios (Goodbye/adios, I'll see you next time, when you come to visit), Hope to hear from you soon (आपके जवाब का इंतज़ार रहेगा), Looking forward to hearing from you, Thanking you (धन्यवाद), Kind thanks, Thank you, With appreciation (प्रशंसा के साथ), With gratitude (आभार के साथ), Paying a tribute (सादर श्रद्धांजलि) , Many thanks, Kinds wishes (शुभकामनाओं के साथ), Thank you for your recomendation, Thank you for your kindness, Thank you for your assistance, Warm regards, Warm wishes, Warmest greetings to you, With all best wishes (शुभकानाओं के साथ), With love, With sincerly thanks, With warmth etc.

Closing off (with signature) — स्वनिर्देश (Subscription) घनिष्ठता सूचक शब्द होते हैं। आपका विश्वासभाजन या आपका विश्वस्त नहीं लिखना चाहिए। भवदीय, भवदीया, आपका सद्भावी, आपका Yours faithfully (भवदीय), Yours sincerely (आपका), Yours, Yours ever, Yours always, Yours truly, Truly yours, Sincerely yours (आपका), Faithfully yours, Sincerely (आपका), Faithfully, Yours most sincerely, Most faithfully, Most sincerely, Yours respectfully (आपका आज्ञाकारी), Respectfully yours, Your friend, and so on. ध्यान देने वाली बात यह है कि यदि आप नहीं जानते हैं कि किसे लिख रहे हैं तो ज्यादा औपचारिक शब्दों का प्रयोग करें परंतु यदि किसी परिचित व्यक्ति, मित्र आदि को लिख रहे है तो कम औपचारिक

शब्दों का प्रयोग करें। दो या दो से अधिक शब्द समूह वाले स्वनिर्देश में प्रथम शब्द का प्रथम अक्षर Capital/Block letter होगा बाद बाकी अन्य दूसरे शब्द के सभी अक्षर Small letter में लिखे जाएंगे।

Signature Line — यह पंक्ति खाली छोड़ दिया जाएगा या Class 3 DSC (डिजिटल हस्ताक्षर प्रमाणपत्र DSC— Digital Signature Certificate) है तो फिर डिजिटल हस्ताक्षर किया जा सकता है। Handwritten Signature छपे पत्रों पर किया जाता है, जबकि DSC इलेक्ट्रोनिक हस्ताक्षर के लिए प्रयोग किया जाता है।

[Your Name]

[Your Title/Designation],

[Name of the Company/Organisation],

[Address]

Phone-

Linked in

कोई अन्य सामाजिक मीडिया साइट जो आप अपने हस्ताक्षर के साथ लिंक करना चाहते है शामिल कर सकते हैं।

****

23

सूचना (Notice)

सूचना (Notice) — जब किसी एक ही कार्यालय के आंतरिक मामलों से संबंधित कोई सामूहिक जानकारी उस कार्यालय के सभी अधिकारियों या कर्मचारियों को देनी हो तो सूचना प्रारूप का प्रयोग किया जाता है। कभी-कभी कोई सूचना अखबारों में भी विज्ञापन के रूप में छपवाया जाता है जो किसी व्यक्ति विशेष से जुड़ी होती है। यह विज्ञप्ति से भिन्न होती है। सूचना कम शब्दों में औपचारिक शैली में लिखी गई संक्षिप्त जानकारी होती है लेकिन पूर्ण जानकारी रहती है। किसी विशेष सूचना को सार्वजनिक करना सूचना लेखन कहलाता है। दूसरे शब्दों में दिनांक और स्थान के साथ-साथ भविष्य में होने वाले कार्यक्रमों आदि के विषय में दी गई लिखित जानकारी "सूचना" कहलाती है। सूचनाएँ ज्यादातर औपचारिक ही होती है, अतएव सूचना लेखन की भाषा सरल एवं शिष्टतापूर्ण होना इसकी योग्याता होती है। यह एक रेखीय पत्राचार का प्रकार है। इसमें अनुपालन की अकांक्षा और अपेक्षा होती है पर किसी जबाब की नहीं।

सूचना लिखते समय निम्नलिखित बातों को ध्यान में रखना चाहिए—

1. सूचना जारी कराने वाली कार्यालय का पत्र शीर्ष, पत्रांक सहित।
2. दिनांक — कार्यालय शीर्ष के नीचे दायें तरफ दिनांक लिखा जाता है।
3. शीर्षक — सबसे पहले ऊपर केंद्र में शीर्षक के रूप में 'सूचना' लिखा जाना चाहिए।
4. विषय – सूचना किस विषय से संबंधित है।
5. सूचना का लेखन —सूचना किसके लिए है और क्या सूचना क्या देनी है। सूचना की भाषा प्रांजल होनी चाहिए। सूचना जिसके बारे में हैं, उस कार्यक्रम की जानकारी, उसकी समय, दिनांक, स्थान सब स्पष्ट होनी चाहिए। सूचना लम्बी नहीं होनी चाहिए। सूचना का संदेश कार्यालयीन भाषा से युक्त होनी चाहिए।
6. सूचना में कोई स्वनिर्देश जैसे – भवदीय, भवदीया आदि नहीं होता है।
7. सूचना जारी करने वाले का हस्ताक्षर, नाम, पदनाम लिखा होना चाहिए।

8. यदि आवश्यक हो तो सूचना देने वाले का पता लिखा जा सकता है।

कार्यालय में प्रयुक्त होने वाली सूचना का प्रारूप —

पत्रांक/Letter No. ------------------------

भारत सरकार/Govt. of India
.... मंत्रालय/Ministry of ....
कार्यालय का नाम
Name of the Office

पता/Address ---
फोन नं./Phone No. --
ईमेल/Email ---

दिनांक -----

सूचना

विषय -----------------

-------------------सूचना का कलेवर------------------------------

हस्ताक्षर
(नाम)
पदनाम

प्रतिलिपि-
1.
2.
3. सूचना पट्ट

समाचारपत्रों में दी जाने वाली सूचना का प्रारूप —

भारत सरकार/Govt. of India
.... मंत्रालय/Ministry of ....
कार्यालय का नाम
Name of the Office

संख्या .....   दिनांक ......

सूचना

विषय ....

.... सूचना का कलेवर ....

हस्ताक्षर
(नाम)
पदनाम
पता-
फोन नं.-

****

24

निविदा (Tender)

निविदा (Tender)— सरकारी एवं गैर सरकारी प्रतिष्ठानों द्वारा अपने किसी निर्माण कार्य को सम्पन्न कराने, सामान की आपूर्ति करने, नया सामान खरीदने के लिए अथवा पुराने सामान को बेचने आदि के लिए मूल्य सूची एवं अन्य शर्तों के साथ प्रस्ताव आमन्त्रित किये जाते हैं, उसे निविदा या निविदा-आमन्त्रण सूचना या निविदा पत्र कहते हैं, अर्थात उचित दर पर सामान की आपूर्ति के आश्वासन को ही निविदा पत्र कहा जाता है। अब वर्तमान समय में निविदा और बोली वेबसाइट के माध्यम से भी किया जाता है। निविदा एक प्रकार का प्रपत्र होता है, जिसमें सामान के आपूर्तिकर्ता के द्वारा निर्धारित समय में सामान की आपूर्ति करने हेतु क्रेता को न्यूनतम मूल्य बतलाये जाते हैं। निविदा प्रपत्र का शुल्क, धरोहर राशि एवं प्रचार के मानदण्ड समय समय पर सरकार द्वारा निर्धारित किये जाते हैं।

निम्नलिखित तथ्यों का लिखा जाना आवश्यक होता है –

1. कार्यालय का नाम एवं पता।
2. पत्र क्रमांक एवं दिनांक।
3. निविदा संख्या।
4. कार्य का सम्पूर्ण विवरण।
5. निविदा प्रस्तुत करने की दिनांक एवं समय।
6. निविदा खोलने की दिनांक एवं समय व स्थान।
7. अनुमानित लागत राशि।
8. कार्य पूर्ण करने की समय सीमा।
9. निविदा प्रपत्र का मूल्य।
10. धरोहर राशि एवं उसे जमा कराने की तरीका।
11. निविदा जारी करने वाले अधिकारी के नाम/पदनाम सहित हस्ताक्षर।

****

25

संविदा /ठीका (Contract)

संविदा (Contract) के पर्यायवाची शब्द इजारा, व्यवस्था, पण, ठीका या ठेका, शर्तनामा तथा समझौता हैं। कानूनी क्षेत्र में यह शब्द संविदा के अर्थ में ही प्रयुक्त होता है। कुछ विद्वानों के मत से इसके अंतर्गत केवल वे ही समझौते लिए जा सकते हैं जो कानूनन लागू किए जा सकते हों। सर्वमान्य न होते हुए भी परिभाषा में यह एक सुधार है। विभिन्न देशों के अपने-अपने कानून होते हैं, जो वहाँ के निवासियों के पारस्परिक दायित्व निश्चित करते हैं। भारत में भी "भारतीय संविदा अधिनियम 1872" बन गया है। इसके पहले व्यक्तियों के पारस्परिक बर्ताव तथा दायित्व उनके रीति-रिवाज, रूढ़ियों या धार्मिक मान्यताओं के आधार पर नियंत्रित होते थे।

दो या अधिक व्यक्तियों, या पक्षों, के बीच ऐसा ऐच्छिक समझौता जिसके अनुसार किसी पक्ष द्वारा प्रतिज्ञात कृत्य, व्यवहार, या क्रिया निषेध के बदले में दूसरे पक्ष पर कुछ देने, करने, सहने, या किसी विशिष्ट प्रकार का व्यवहार करने का दायित्व हो और जो उन पक्षों के बीच उस विषय से संबंधित कानूनी संबंध स्थापित करने के उद्देश्य से किया गया हो, "ठीके" का रूप लेता है। इस प्रकार कोई सामाजिक निमंत्रण (यथा भोज आदि के लिए) स्वीकार कर लेने पर सामान्यतः कोई कानूनी जिम्मेदारी नहीं आती, अत: वह ठीका नहीं माना जाता।

संविदा होने के लिए करार की आवश्यकता होती है तब संविदा का निर्माण होता है परंतु सदैव ऐसा नहीं होता है। कुछ संविदाएं तो ऐसी होती हैं जिनमें कोई प्रस्ताव नहीं होता कोई स्वीकृति नहीं होती कोई प्रतिफल का निर्धारण नहीं होता परंतु संविदा का निर्माण हो जाता है। इसे सदृश्य संविदा कहते हैं अर्थात ऐसी संविदा जिसमें संविदा नजर नहीं आती है परंतु संविदा का अस्तित्व होता है।

भारतीय ठीका — भारतीय कानून के अनुसार कानूनन लागू किए जा सकने योग्य कोई भी समझौता ठीका है। कानूनन वही समझौता लागू किया जा सकता है, जो ठीके की अर्हता रखने वाले पक्षों के मध्य, उनकी स्वतंत्र सहमति

के फलस्वरूप, विधिसंमत उद्देश्य से, विधिसंमत व्यवहार के लिए किया गया हो और स्पष्ट रूप से रद्द न घोषित किया गया हो। इसके साथ किसी अन्य विशेष कानून का प्रतिबंध भी लागू होगा, जिसके अनुसार ठीका लिखित, मुद्रांकित, गवाहों की स्याही से युक्त तथा पंजीकरण के तत्कालीन कानून के अंतर्गत पंजीकृत होना चाहिए।

ठीके में कम-से-कम दो पक्ष होते हैं, एक समझौते का प्रस्ताव करने वाला और दूसरा उसे स्वीकृत करनेवाला। "प्रस्ताव" तथा "स्वीकृति" मिलाकर "समझौता" होता है, जो कानूनन लागू किए जा सकने योग्य होने पर "ठीका" होता है। प्रत्येक व्यक्ति जो व्यस्क हो (भारत में व्यस्कता की उम्र 18 वर्ष मानी गई है, जो अदालत या अन्य किसी परिनियत निकाय की संरक्षकता में रहने वाले व्यक्ति के लिए 21 वर्ष है), अविक्षिप्त मस्तिष्कवाला हो (अर्थात् समझौता करते समय उसे समझ सकता हो, अपने हितों पर उसके प्रभाव का अनुमान लगा सकता हो और उचित निर्णय कर सकता हो) तथा उस पर लागू होने वाले किसी अन्य कानून द्वारा ठीका करने के लिए अयोग्य न घोषित किया गया हो, ऐसे समझौते में भाग ले सकता है। स्वतंत्र सहमति का यह अर्थ है कि वह (1) दबाव, (2) अनुचित प्रभाव, (3) धोखा, (4) मिथ्या प्रस्तुतीकरण या (5) भूल के कारण न हुई हो। इन सबकी परिभाषाएँ कानून में दी गई हैं।

पक्षों के वास्तविक अभिप्रायों का ही, जहाँ तक संभव हो, क्रियान्वित किया जाना कानून का उद्देश्य है। अत: किसी भी पक्ष के अवयस्क या विक्षिप्त होने से ठीका रद्द माना जाता है। कभी-कभी विक्षिप्त हो जाने वाले व्यक्ति द्वारा अविक्षिप्त अवस्था में किया हुआ ठीका रद्द नहीं समझा जाता। धोखे या मिथ्या प्रस्तुतीकरण द्वारा यदि किसी पक्ष की सहमति प्राप्त की गई हो, तो वह पक्ष, यदि ठीक समझे, ठीके को पूरा करवा सकता है और उन सब माँगों को पेश कर सकता है जिनका वह अधिकारी होता, यदि प्रस्तुतीकरण ठीक होता हैं किंतु अपनी सामान्य बुद्धि से वास्तविकता को जान सकने की स्थिति में होते हुए सहमति देने वाला पक्ष ठीके को रद्द नहीं करवा सकता। इसी भाँति केवल असाधारण भूलें, जो सक्रिय रूप से ठीके की कुछ शर्तों पर नहीं वरन् उसके मूल पर आघात करती हैं, ठीका रद्द किए जा सकने का कारण हो सकती हैं।

ठीके में अंतर्निहित उद्देश्य या व्यवहार का विधिसंमत होना अनिवार्य है, अर्थात वह कानून से निषिद्ध न हो, किसी कानून के अभिप्राय पर घातक प्रभाव न डाले, धोखेबाजी से भरा न हो, दूसरे को प्रत्यक्ष या परोक्ष रूप से शारीरिक या सांपत्तिक क्षति न पहुँचाए, अथवा अदालत द्वारा नैतिकता या नीति का विरोधी न

माना जाता हो, अन्यथा ठीका अवैधानिक और रद्द समझा जाता है। उद्देश्य या व्यवहार आंशिक रूप से अवैधानिक होने पर भी सारा ठीका रद्द माना जाता है।

ठीका पूर्ण करने के दो ढंग हैं — भाग लेने वाले पक्षों द्वारा ठीका समाप्त करने का आपसी समझौता कर लिया जाए, या नियमों और प्रतिबंधों के अनुसार उसके उद्देश्य और व्यवहार पूरे कर लिए जाएँ। ठीके का दायित्व लेनेवाले व्यक्तियों की मृत्यु के उपरांत भी उनके प्रतिनिधियों पर उसे पूरा करने का दायित्व रहता है, यदि उस ठीके का कोई अन्यथा अभिप्राय न प्रतीत होता हो। जैसे किसी निश्चित तिथि तक किसी सामग्री के संभरण (देखभाल) के ठीके में दोनों पक्षों में से किसी की मृत्यु के पश्चात्, उसका प्रतिनिधि ठीका पूरा करने के लिए बाध्य होगा; किन्तु कोई ऐसी स्थिति बनाया जा सकता है कि ठीके में एक की मृत्यु के उपरांत उसका प्रतिनिधि न स्वयं बाध्य है, न दूसरे को बाध्य कर सकता है।

नियमों और प्रतिबंधों के अनुसार ठीका पूरा न होने पर वह भंग हुआ माना जाता है। ऐसी स्थिति में क्षतिग्रस्त पक्ष समय भंग (व्यवस्थातिक्रमण) करने वाले पक्ष से उचित मुआवजा प्राप्त करने का अधिकारी होता है; किंतु यदि क्षतिपूर्ति की राशि या हर्जाना स्वरूप अन्य किसी शर्त का स्पष्ट उल्लेख नहीं है, तो किसी अप्रत्यक्ष अथवा दूरव्यापी क्षति के लिए हर्जाना देय नहीं है। कभी-कभी प्रस्ताव की स्वीकृति के साथ-साथ कुछ धरोहर (साई या बयाना) दिया जाता है, जो समझौता करने के लिए प्रस्तुत पक्षों के सत्याशय का सूचक होता है। यह राशि ठीके के फलस्वरूप होने वाले भुगतान का अंश नहीं, किंतु ठीके के क्रियान्वित न होने पर हर्जाने का अंश अवश्य बन जाती है।

इंजीनियरी निर्माण के कार्य अधिकतर ठीके पर ही कराए जाते हैं, क्योंकि ऐसा करने से कार्य की लागत निश्चित हो जाती है और उसमें अधिक हेरफेर होने की संभावना नहीं रहती। कार्य को निश्चित विशेषताओं के अनुसार संपन्न कराने के लिए यह नितांत आवश्यक है कि उसकी देखरेख के जिम्मेदार इंजीनियर और उसके अधीन कर्मचारी पूरी ईमानदारी बरतें और अपने वैयक्तिक लाभ के लिए ठीकेदार को किसी प्रकार भी हीन द्रव्य न लगाने दें और कारीगरी भी न बिगड़ने दें। ये ठीके भी दो प्रकार के होते हैं। एक में ठीकेदार कार्य के लिए सारे द्रव्य स्वयं लगाता है और दूसरे में कार्य का मालिक द्रव्यों का प्रबंध करता है और ठीकेदार केवल कुशल और अकुशल कारीगरों और मजदूरों को लगाता है।

****

26

अनुबंध-पत्र / करार / करारनामा / अकदबंदी (Agreement)

भारतीय संविदा अधिनियम, 1872 (Indian Contract Act, 1872) भारत का मुख्य संविदा कानून है। यह अधिनियम भारत में अंग्रेजी शासन के समय पारित हुआ था। यह 'इंग्लिश कॉमन ला' पर आधारित है।

यह अधिनियम संविदाओं के निर्माण, निष्पादन और प्रवर्तनीयता से संबंधित सामान्य सिद्धांतों तथा क्षतिपूर्ति एवं गारंटी, जमानत और गिरवी, तथा अभिकरण (एजेंसी) जैसी विशेष प्रकार की संविदाओं से संबंधित नियम निर्धारित करता है। यद्यपि भागीदारी अधिनियम; माल बिक्री अधिनियम; परक्राम्य लिखत अधिनियम और कम्पनी अधिनियम, तकनीकी दृष्टि से संविदा कानून के भाग हैं, फिर भी इन्हें पृथक अधिनियमनों में शामिल किया गया है।

भारतीय संविदा अधिनियम, 1872 के अनुसार, संविदा कानून द्वारा प्रवर्तनीय (प्रवृत होने वाला) करार है। कानून द्वारा प्रवर्तित स्थापित न किए जा सकने वाले करार संविदाएँ नहीं होते। ''करार'' से अभिप्राय है एक दूसरे के प्रतिफल का ध्यान रखते हुए दिया जाने वाला आश्वासन। और आश्वासन तब दिया जाता है जब कोई प्रस्ताव स्वीकारा जाता है। इसका निहितार्थ यह है कि करार एक स्वीकृत प्रस्ताव है। दूसरे शब्दों में, करार में ''पेशकश'' और इसकी ''स्वीकृति'' निहित होती है।

व्यापारिक संन्नियम (नियमों का समूह) में उन अधिनियमों को सम्मिलित किया जाता है जो व्यवसाय एवं वाणिज्यिक क्रियाओं के नियमन एवं नियन्त्रण के लिए बनाये जाते हैं। व्यापारिक या व्यावसायिक सन्नियम के तहत वैसे राजनियम आते हैं जो व्यापारियों, बैंकर्स तथा व्यवसायियों के साधारण व्यवहारों से सम्बन्धित हैं और जो सम्पित्त के अधिकारों एवं वाणिज्य में संलग्न व्यक्तियों से सम्बन्ध रखते हैं। भारतीय अनुबन्ध अधिनियम, व्यावसायिक सन्नियम की एक महत्वपूर्ण शाखा है, क्योंकि अधिकांश व्यापारिक व्यवहार चाहे वे साधारण व्यक्तियों द्वारा किये

जायें या व्यवसायियों द्वारा किये जायें, 'अनुबन्धों' पर ही आधारित होते हैं। भारतीय अनुबन्ध अधिनियम 25 अप्रैल, 1872 को पारित किया गया था और 1 सितम्बर 1872 से लागू हुआ था।

भारतीय अनुबन्ध अधिनियम को दो भागों में बांटा जा सकता है। इसमें प्रथम भाग में धारा 1 से 75 तक है जो अनुबन्ध के सामान्य सिद्धान्तों से सम्बिन्धत है और सभी प्रकार के अनुबन्धों पर लागू होती है। द्वितीय भाग में धारा 76 से 266 तक है जो विशिष्ट प्रकार के अनुबन्धों जैसे वस्तु विक्रय, क्षतिपूर्ति एवं गारण्टी, निक्षेप, गिरवी, एजेन्सी तथा साझेदारी से सम्बिन्धत है। 1930 में वस्तु विक्रय से सम्बिन्धत धाराओं को निरस्त करके पृथक से वस्तु विक्रय अधिनियम बनाया गया है। इसी प्रकार 1932 में साझेदारी अनुबन्धों से सम्बिन्धत धाराओं को इस अधिनियम में से निरस्त कर दिया गया और पृथक साझेदारी अधिनियम बनाया गया।

****

27

लाइसेन्स / अनुज्ञप्ति (License)

लाइसेंस का अर्थ — कोई विशेष काम करने या कोई वस्तु रखने की अनुमति देने वाला आधिकारिक पत्र; कोई कार्य करने की सरकारी अनुमति या क़ानूनी अनुमति-पत्र, लाइसेंस, अनुज्ञप्ति।

उपरोक्त बातों से स्पष्ट है कि किसी व्यक्ति को किसी विशेष कार्य हेतु दिया गया सरकारी अनुमति है जिससे कुछ करने की अनुमति होती है, आज़ादी या छूट प्राप्त होती है। जैसे- कोई दुकान चलाने के लिए लाइसेंस, कोई बंदूक रखने के लिए लाइसेंस, कोई गाड़ी चलाने के लिए लाइसेंस आदि। सभी चिजों के लिए अलग-अलग नियम-कानून है जिसके तहत ही किसी व्यक्ति को किसी प्रकार की लाइसेंस दिया जाता है।अक्सर लाइसेंसों के साथ एक अवधि और क्षेत्र जुड़ा होता है। जैसे-शराब विक्रेताओं को भारत के किसी राज्य को एक निश्चित अवधि या मियाद के लिए शराब बेचने का लाइसेंस मिलता है। लाइसेंस के लिय आवेदन करने के बाद निर्गत किया जाता है और शराब के लाइसेंस के लिए बोली भी लगती है। अलग अलग प्रकार के लाइसेंस संबंधित भिन्न–भिन्न कार्यालयों में आवेदन दिया जाता है। जैसे ड्राइविंग लाइसेंस के लिय भारत मे कहीं पर भी भारत सरकार या राज्य सरकार के परिवहन विभाग के यहाँ आवेदन किया जा सकता हैं आजकल अधिकांश लाइसेंस के लिए online आवेदन किया जाता है। जैसे लाइसेंस के लिए parivahan.gov.in के वेबसाइट पर अपना आवेदन कर सकते हैं।

****

28

अनुज्ञापत्र / परमिट (Permit)

परमिट/अनुज्ञापत्र/परवाना (Permit)— परमिट एक ऐसा प्राधिकार है, जो मोटर वाहन के स्वामी को उसका परिवहन वाहन (अर्थात् सार्वजनिक सेवा वाहन, माल वाहन, शिक्षण संस्थान बस या प्राईवेट सेवा वाहन) के रूप में उपयोग करने के लिए जारी किया जाता है। इस प्रकार किसी भी वाहन का परिवहन वाहन के रूप में उपयोग बिना वैध परमिट के नहीं किया जा सकता है।

मोटर वाहन अधिनियम, 1988 की धारा 66(1) के अनुसार किसी मोटर वाहन का स्वामी सार्वजनिक स्थान में उस वाहन का परिवहन वाहन के रूप में उपयोग चाहे, उस वाहन से वास्तव में यात्री या माल का वहन किया जा रहा है या नहीं, उस परमिट की शर्तो के अनुसार ही करेगा या करने की अनुज्ञा देगा जो उस स्थान में उस रीति से, जिससे उस परिवहन वाहन का उपयोग किया जा रहा है, उस वाहन का उपयोग प्राधिकृत करते हुए प्रादेशिक या राज्य परिवहन प्राधिकरण या किसी विहित प्राधिकारी के द्वारा दिया गया है या प्रति हस्ताक्षर किया गया है। परमिट के लिए अलग-अलग कार्य के लिए कुछ रुपये फिस (Fees) के रूप में लिया जाता है।

प्रादेशिक परिवहन प्राधिकारी चाहे तो मोटर वाहन अधिनियम, 1988 की धारा 72(2) की कोई एक या अधिक शर्ते परमिट हेतु किसी आवेदन की स्वीकृति जारी करते समय लगा सकती है, इन शर्तो का पालन करना अनिवार्य है, जिनमें प्रादेशिक परिवहन प्राधिकार 1 माह का नोटिस देकर परिवर्तन कर सकते हैं।

****

29

पारिवारिक पत्र (Family Letter)

पारिवारिक पत्र— पारिवारिक पत्रों या कहें कि अनौपचारिक पत्रों में संबोधन अलग-अलग स्थिति के अनुसार अलग-अलग होती है, जैसे- आदरणीय, पूज्यनीय, पूज्य, श्रद्धेय, प्रियवर, चिरंजीव आदि यह सब अपने-अपने देश की संस्कृति के अनुरूप होता है। अंग्रेजी में Dear /Hello/ Hi/ का ही प्रयोग होता है। इसी प्रकार अभिवादन का भी शब्द प्रेषक और प्रेषिती के संबंध पर निर्भर करता है कि वह अभिवादन किसे, और किस स्थान पर कर रहा है। संबंध एवं आयु के अनुकूल संबोधन, अभिवादन एवं पत्र की भाषा होती है।

पारिवारिक पत्र में निम्नलिखित अंग होते हैं —

(क) प्रेषक का पता — सबसे ऊपर दाईं ओर होता है।

(ख) तिथि — पता के नीचे दिनांक लिखा जाता है।

(ग) संबोधन / प्रशस्ति (Salutation)— संबोध्य संबंध, उम्र, लिंग के अनुरूप होता है।

(घ) अभिवादन (Greetings) — संबोध्य के अनुकूल ही अभिवादन/प्रणाम या आशीष होता है।

(ङ) कलेवर (Body of Letter/Text of the letter)— भाषा संबंध और उम्र के अनुरूप होता है।

(च) उपसंहार / मंगल कामनाएँ (Complementry close/ ending)— संबंध और स्थिति के अनुकूल होता है।

(छ) स्वनिर्देश/समापन(Sing-off/ Closing-off)— संबंध के अनुरूप लिखा जाता है।

(ज) हस्ताक्षर— दस्तख़त में अपना पूरा नाम या नाम का प्रथम भाग किया जाता है।

(झ) प्रेषिती का पता (लिफाफे पर)— पाने वाले का नाम, पता लिफाफे पर लिखा जाता है।

पारिवारिक पत्र नमूना —

पत्र के अंग	पत्र में स्थान
प्रेषक का पता	वार्ड संख्या 7, ग्राम- रहसा पूर्वी, पोस्ट- भगवानपुर, जिला- वैशाली पिन-844114 (बिहार)
तिथि	दिनांक...............
संबोधन	आदरणीय माता जी,
अभिवादन	सादर प्रणाम,
कलेवर	.... पत्र का मुख्य विषय वस्तु ....
उपसंहार	घर में बड़ों को प्रणाम एवं अनुजों को स्नेह।
स्वनिर्देश	आपका प्रिय पुत्र
हस्ताक्षर	कविशेखर
पाने वाले का पता जो लिफाफे पर ऊपर लिखा जाएगा।	श्रीमती .... मकान संख्या ..... वार्ड संख्या .... रोड का नाम/संख्या ..... ग्राम / कॉलोनी .... डाकघर .... जिला .... (राज्य का नाम) पिन कोड.........

****

30

आवेदन पत्र
(Application Letter)

आवेदन पत्र— आवेदन पत्र का ढाँचा पारिवारिक पत्र से अलग होता है। इसमें पहले पाने वाले अधिकारी का पदनाम तथा पता होता है जो पत्र के प्रारंभ में बाईं ओर होता है। एक पंक्ति छोड़कर नीचे विषय लिखा जाता है। पुनः एक पंक्ति छोड़कर संबोधन (महोदय/महोदया) लिखा जाता है, परंतु संबोधन के नीचे अभिवादन/नमस्ते नहीं लिखा जाता है। नीचे अगली पंक्ति में कुछ एक इंच छोड़कर पत्र का कलेवर लिखा जाता है। पत्र में नीचे एक संक्षिप्त अनुच्छेद में पुनः पत्र का सार निवेदन लिखा जाता है। ऐसे पत्र में Complementry Close नहीं होता है। इसके बाद दाईं तरफ स्वनिर्देश में भवदीय/भवदीया लिखा जाता है। फिर हस्ताक्षर पंक्ति होता है जिसके नीचे नाम, पदनाम, अनुभाग आदि लिखा जाता है। हस्ताक्षर दिनांक के साथ किया जाता है ताकि पता रहे कि किस तिथि को आवेदन दिया गया था। किसी भी कार्यालय को लिखे जाने वाले आवेदन पत्र में कार्यालय के पदाधिकारी के पदनामे पत्राचार किया जाता है। अपने से संबंधित किसी चिज के लिए किये जाने वाले अनुरोध के लिए व्यावहारिक रूप में आवेदन पत्र का प्रारूप ही व्यवहार में लाया जाता है।

कभी –कभी किसी विशेष प्रकार के आवेदन में प्रेषिती के नीचे "द्वारा— उचित माध्यम (Through— Proper Channal)" लिखा जाता है। यह प्रायः अपने कार्यालय / विभाग मे कुछ करने या मांगने के लिए निवेदन पत्र में लिखा जाता है।

ई-कार्यालय में छुट्टी के आवेदन ऑनलाइन देने की व्यवस्था कर दी गई है फिर भी बहुत से ऐसे कार्य है जिसका प्रारूप ऑनलाइन में व्यवस्था नहीं किया गया है। ऐसी स्थिति में हस्तलिखित या टंकित आवेदन पर हस्ताक्षर करके कार्यालय में उचित माध्यम से प्रस्तुत किया जाता है।

आवेदन पत्र के प्रारूप का नमूना —

प्रेषिती का पता (पाने वाले का पता)	**सेवा में,** संयुक्त निदेशक , शिक्षा निदेशालय बिहार, बुद्ध मार्ग, पटना - 800001
विषय	**आकस्मिक अवकाश के संबंध में।**
संबोधन	महोदय/महोदया,
कलेवर	निवेदन है कि या सविनय निवेदन है .... **पत्र का मुख्य विषय वस्तु** ....
स्वनिर्देश	**(भवदीय)** (राज्य सरकार में "**आपका विश्वासभाजन**")
दिनांकित हस्ताक्षर	Raman Singh 02/1/2021
प्रेषक का नाम	(रमण सिंह)
प्रेषक का पदनाम शाखा का नाम	कार्यालय अधीक्षक प्रशासन अनुभाग
तिथि	दिनांक 02.01.2021

यद्यपि ई-कार्यालय के आने से अधिकांश प्रयोग में आने वाले आवेदन ऑनलाइन ही दिये जा रहे हैं।

अब आप पारिवारिक पत्र और आवेदन के साथ किसी राज्य सरकार का शासकीय पत्र और अर्द्ध-सरकारी पत्र में संबंध का तुलनात्मक अध्ययन कीजिए।

आइए, अब पुनरावलोकन कीजिए कि किसी राज्य सरकार का पत्र का प्रारूप/मसौदा एक पारिवारिक पत्र और आवेदन के कितना सामिप्य है। इसी के

साथ एक अर्द्ध-सरकारी पत्र के बारे में भी तुलनात्मक अध्ययन कीजिए। अब आप स्वयं से तुलनात्मक अध्ययन कर यह पता कीजिए कि एक पारिवारिक पत्र किस प्रकार से किसी राज्य सरकार और अर्द्ध-सरकारी पत्र से भिन्न है, दोनों में क्या-क्या समानताएँ मिलती है। इसी प्रकार एक शासकीय पत्र को एक कार्यालय में दिए गए आवेदन से किस प्रकार समरूप है और क्या-क्या अंतर है।

सेवा में ,

प्रेषिती का पदनाम
कार्यालय का नाम
पता

द्वारा –उचित माध्यम ।

विषय – MACP-1 के संबंध में ।

महोदया / महोदय ,

.... आवेदन पत्र का

कालेकर................. ....
....

भवदीय ,
(नाम)
पदनाम
अनुभाग
कार्यालय का नाम

तिथि--

****

31

निमंत्रण पत्र (Invitation Card)

निमंत्रण पत्र (Invitation card) — यह अनौपचारिक पत्र का भाग होता है। वैसे तो यह कार्यालय में नगण्य प्रयोग होता है क्योंकि जब कोई विशेष सभा-समारोह का आयोजन किया जाता है तब रंगीन कागज पर निमंत्रण पत्र का प्रयोग किसी गणमान्य व्यक्ति /व्यक्तियों को बुलाने के लिए प्रयोग किया जाता है। निमंत्रण पत्र की रूप-रेखा अन्य सरकारी या पारिवारिक पत्रों से इतर होती है जिसमें सबसे ऊपर प्रेषिती का नाम के जगह श्री/श्रीमती लिखकर खाली जगह छोड़ दिया जाता है। इसके नीचे एक टैब देकर (एक इंच का स्थान) जगह छोड़कर आमंत्रण का उद्देश्य, समय, स्थान, दिनांक आदि बताते हुए सादर आने का अनुरोध किया जाता है। ऐसे पत्रों में संबोधन, अभिवादन नहीं होता है। स्वनिर्देश या समापन के लिए “आपका दर्शनाभिलाषी” या केवल “दर्शनाभिलाषी या दर्शनाकांक्षी” लिखा जाता है। कहीं-कहीं केवल “आकांक्षी” लिखा हुआ देखने को मिल जाता है जो सही नहीं है। अंग्रेजी में “दर्शनाभिलाषी” के स्थान पर RSVP लिखा जाता है जो फ्रेंच शब्द से लिया गया है जिसका शाब्दिक अर्थ है- répondez s'il vous plaît (literally, "Reply, if you please") जिसका अर्थ है A reply to an invitation, especially an invitation that is delivered or transmitted in writing. To respond to such an invitation with a "Yes" or "No." या Please reply. RSVP के नीचे नाम, पता और फोन नंबर दिया रहता है। कभी-कभी इसके नीचे समय-सीमा भी लिखा रहता है जिसके भीतर सूचित करना होता है कि वे निमंत्रण पर आ रहे हैं या नहीं। किसी-किसी निमंत्रण में निश्चित उम्र और किसी निश्चित संख्या में आने के लिए अनुरोध रहता है तो कभी पूरे परिवार के साथ आने का निमंत्रण दिया रहता है। कार्यक्रम की विस्तृत जानकारी निमंत्रण पत्र के प्रथम पृष्ठ पर भी दिया जाता है तो कभी निमंत्रयम पत्र के पीछे दिया जाता है। “दर्शनाभिलाषी” के नीचे एक व्यक्ति या अनेक व्यक्ति का नाम लिखा रहता है। ठीक दर्शनाभिलाषी के बाईं ओर दिनांक और पता लिखा रहता है।

निमंत्रण पत्र का नमूना —

शीर्षक	**निमंत्रण पत्र**
सेवा में	**मान्यवर/श्री/ श्रीमती** ....
निमंत्रण पत्र का विषय	**निमंत्रण का विषय** ....
निमंत्रण पत्र का कलेवर	.... इस अवसर पर आप से सादर अनुरोध कि उक्त तिथि को निश्चित समय और स्थान पर आकर इस आयोजन में हिस्सा लें और हमें ....
स्वनिर्देश	**दर्शनाभिलाषी/दर्शनाकांक्षी** क ख ग और अ ब स
तिथि	दिनांक
स्थान	पता

The Students, Staff and Principal
of
ZODIAC SR. SEC. SCHOOL, OOTY
invite you on the

SILVER JUBILEE CELEBRATIONS

of their school
on
SUNDAY, THE 26TH OCTOBER 200X
at
10 a.m.
in
THE SCHOOL AUDITORIUM

MRS M. KAMATH

FOUNDER PRINCIPAL OF THE SCHOOL
has kindly consented to preside over the function
and give away prizes/mementoes

RSVP
Principal
Phone: 0421-4521; 0421-3475

Programme overleaf

पत्रों के लिए कुछ संक्षिप्त विशेष बातें —

1. निम्नलिखित पत्रों में शीर्षक तिथि के नीचे पत्र के मध्य में दिया जाता है।

कार्यालय आदेश, आदेश, परिपत्र, कार्यालय ज्ञापन, पृष्ठांकन, अधिसूचना, संकल्प, प्रेस विज्ञप्ति, प्रेस नोट, सूचना।

2. निम्नलिखित पत्रों में विषय शीर्षक/पत्र-शीर्ष के नीचे पत्र के मध्य में/बाईं ओर लिखा जाता है।

परिपत्र, कार्यालय ज्ञापन, प्रेस विज्ञप्ति, प्रेस नोट, अंतर विभागीय टिप्पणी, स्वतः पूर्ण टिप्पणी, सूचना।

3. निम्नलिखित पत्रों में सम्बोधन का प्रयोग नहीं होता है।

कार्यालय आदेश, आदेश, परिपत्र, कार्यालय ज्ञापन, पृष्ठांकन, प्रेस विज्ञप्ति, सूचना, अधिसूचना, संकल्प।

4. निम्नलिखित पत्रों में समापन का प्रयोग नहीं होता है।

कार्यालय आदेश, आदेश, परिपत्र, कार्यालय ज्ञापन, पृष्ठांकन, प्रेस विज्ञप्ति, सूचना, अधिसूचना, संकल्प।

****

32

टिप्पण / टिप्पणी (Noting /Note)

जिस प्रकार बाह्य पत्राचार को आलेखन कहते हैं ठीक उसी प्रकार आंतरिक विचार-विमर्श को टिप्पणी कहते हैं। इसे यूँ समझ सकते हैं जैसे कि घर में कोई कार्य होना होता है तो घर के सभी सदस्य मिलजुलकर तथाकथित कार्य पर अपना-अपना विचार रखते हैं और कार्य को निपटाने की रणनीति बनाकर उसे अंजाम देते हैं। ठीक इसी प्रकार जब किसी कार्यालय में कोई काम आता है, कोई पत्र आता है, कोई नया काम प्रारंभ करना होता है तो कार्यालय के नीचले स्तर के कर्मचारी से लेकर उपर तक के अधिकारी मौखिक रूप में न बातचीत कर लिखित रूप में करते हैं। वह बातचीत जिस कागज के ऊपर लिख कर की जाती है उसे टिप्पणी पृष्ठ (Note sheet) कहते हैं और बातचीत को टिप्पणी। इस प्रकार कार्यालय में किसी कार्य को सम्पन्न करने के दो भाग होते हैं— कार्यालय के कार्य-व्यवहार के प्रथम भाग जिसमें पत्र लेखन का कार्य होता है उसको प्रारूपण या आलेखन कहते हैं। जबकि दूसरा भाग है टिप्पणी लेखन। परंपरागत फाइल में दो भाग होते हैं— टिप्पण जो पीले रंग की कागज होती है दूसरा आलेखन जो सादे कागज पर मसौदा तैयार किया जाता है, ठीक इसी तरह ई-कार्यालय में भी दो भाग देखने को मिलते हैं परंतु ई-कार्यालय में एक हरे रंग की भी टिप्पण पृष्ठ होती है। पत्राचार भाग में आवतियों (Receipts) को लगाया जाता है और उस आवती पर की जाने वाली कार्रवाई को टिप्पणी वाले भाग में करते हैं। टिप्पणियाँ आंतरिक सम्प्रेषण है जो कार्यालय में किसी कार्य के ऊपर विवेचन और निर्णय में संबंध स्थापित करते हैं। मसौदे परिष्कृत करके अंतिम रूप दिये जाने के बाद बाह्य सम्प्रेषण होते हैं। आलेखन और टिप्पण दोनों के लिए भाषा का अच्छा ज्ञान होना चाहिए। आलेखन के विविध रूपों का ज्ञान होना जरूरी है। आलेखन की सफलता शब्दों के शुद्ध रूप लिखने, सुगठित रूप में प्रस्तुत करने और मनोभावों को व्यक्त करने के लिए परिमार्जित भाषा, शालीनतायुक्त भाषा जो हृदय स्पर्शी हो उस पर निर्भर करता है। जैसे आलेखन में कविता की गुंजाइश नहीं है वैसे ही टिप्पण में भी कविता का कोई कार्य नहीं है। इसमें कोई शब्दालंकार, व्यंजना, अतिशयोक्ति, दृढ़ोक्ति नहीं रहती है। इसमें तो केवल तथ्यों का सीधा और स्पष्ट उल्लेख, अपने मन्तव्य का स्पष्ट कथन और

उसके पक्ष या विपक्ष में आवश्यकतानुसार दी जाने वाली युक्तियाँ जो नियमानुसार हो प्रस्तुत की जाती है। नियम का उद्धरण देते समय जो नियम पुस्तक में दी गई है उसे यथावत रखा जाता है कहीं से भी काट-छाँट कर प्रस्तुत नहीं किया जाता है। ई-कार्यालय में नियम, उपनियम, कानूनों आदि का संदर्भ के लिए ई-रिसीट बनाकर ToC में संलग्न कर दिया जाना चाहिए। टिप्पणी कार्यालय का आतंरिक पत्राचार या विचार विनिमय का माध्यम होता है। जिसके द्वारा कार्यालय में काम का निस्तारण का निर्णय किया जाता है। टिप्पणी एक स्थायी अभिलेख होता है जिसका साक्ष्य के रूप में प्रस्तुत किया जा सकता है। सूचना के अधिकार में माँगे जाने पर उपलब्ध कराया जा सकता है।

टिप्पणी संक्षिप्त होती है परंतु आवश्यकता होने पर यह बड़ी हो सकती है ऐसी स्थिति में अनुच्छेदवार प्रत्येक बिन्दू पर चर्चा करना अपेक्षित है। लंबी टिप्पणी की स्थिति में एक बार अंत में मामले का सार एक संक्षिप्त अनुच्छेद में दिया जाना चाहिए। सहायक स्तर से जो टिप्पणी की जाती है उसे मुख्य टिप्पणी कहते है जबकि आगे के अधिकारियों द्वारा जो टिप्पणी की जाती है उसे आनुषांगिक टिप्पणी कहते हैं। प्रत्येक नये विषय पर या नया कार्य होने पर संबंधित कार्य के बारे में एक संक्षिप्त विषय देकर नीचे से टिप्पणी करनी चाहिए ताकि पता चल सके कि पिछला कार्य पूर्ण हो चुका है और अभी जिसके लिए फाइल उपस्थापित किया गया है वह नया है। अतः विषय देने से टिप्पणी में स्पष्टाता आ जाती है। टिप्पणी लिखने के बाद नीचे दाईं ओर अपना संक्षिप्त हस्ताक्षर किया जाता है, फिर नीचे दिनांक लिखकर अग्रेतर अधिकारी को प्रेषित करने के लिए अधिकारी का पदनाम (शाखा का नाम) बाईं तरफ लिखी जाती है। अधिकारी अपने पास जब उस फाइल को पढ़ता है तो पहले सहायक द्वारा लिखी गई पदनाम (शाखा का नाम) के ऊपर से एक तिरछी रेखा से काट देते हैं और आगे कुछ लिखना चाहता है वह अपना आनुषांगिक टिप्पणी कर उच्चतर अधिकारी के पास पहले जैसे सहायक ने हस्ताक्षर और संबोधित किया था ठीक उसी प्रकार टिप्पणी के नीचे दाईं ओर अधिकारी अपना हस्ताक्षर करते हैं और नीचे बाईं ओर उच्चतर अधिकारी को पदनाम से संबोधित कर आगे प्रेषित कर देते हैं। यह प्रक्रिया वापस आते समय भी ऐसे ही चलती है। यह एक तरह से पत्र की तरह ही होता है और उस पर हस्ताक्षर भी पत्र की तरह दाईं ओर किया जाता है। ध्यान दें कि टिप्पण (Noting) एक प्रक्रिया (procedure/process) या तरीका या युक्ति है ठीक उसी तरह जिस तरह प्रारूपण या आलेखन है और टिप्पणी (Note) उस प्रक्रिया का परिणाम है ठीक वैसे ही जैसे प्रारूप या मसौदा है। टिप्पणी वह अभ्युक्ति या आख्या है जो किसी पत्रावली (संचिका/फाइल) के निस्तारण/निपटान के लिए लिखी जाती है, परंतु टिप्पण अभ्युक्ति या आख्या लिखने की कला है।

प्रभावी टिप्पणी की विशेषताएँ —

शुद्धता — लेखन में तथ्यों, शब्दों और व्याकरणिक शुद्धता का ध्यान रहना चाहिए। प्रस्तुति में विषय, शीर्षकों, पैराग्राफ, तारांकन, छोटे बाक्स, संगम, दो पैराग्राफ में खाली स्थान का अंतर, हाशिया, रेखांकन और शब्दों को सामान्य और यथास्थिति बोल्ड टंकण का प्रयोग करना चाहिए। भारी भरकम और अप्रचलित शब्दों के प्रयोग से बचना चाहिए तथा छोटे एवं प्रवाहपूर्ण वाक्यों का प्रयोग करना चाहिए। हमें ऐसे विचार नहीं लिखने चाहिए जो अस्पष्ट हों। पत्र का आकर्षक होना भी महत्त्वपूर्ण होता है। विशेषकर व्यापारिक व कार्यालयी पत्र स्वच्छता से टाइप किया हुआ होना चाहिए। सरकारी दफ्तरो में हमेशा Simple और Straight फॉन्ट का प्रयोग होता है। किसी Crusive या Stylish फॉन्ट का नहीं, चाहे वह कोई पत्र हो या कार्यालय के अधिकारियों और शाखाओं का नामपट्ट या कार्यालय का बोर्ड।

सुस्पष्टता— अर्थ की स्पष्टता, लेखन में संपूर्णता, संक्षिप्तता, सुसंगता, सटीकता एवं शिष्टता होना चाहिए। टिप्पणी की भाषा सरल और संयत और भाव स्पष्ट होनी चाहिए। उसमें किसी भी तरह की भ्रांति की स्थिति नहीं होनी चाहिए। न ही अर्थ की कोई दुविधा होनी चाहिए। टिप्पणी में द्विअर्थक, अनेकार्थक या भ्रमात्मक शब्दों का प्रयोग नहीं होना चाहिए। सरल भाषा शैली, शब्दों का चयन, वाक्य रचना की सरलता पत्र को प्रभावशाली बनाने में हमारी सहायता करती है। इसलिए जो भी हमें पत्र में लिखना है, यदि वह स्पष्ट, सुमधुर होगा तो पत्र उतना ही प्रभावशाली होगा।

संक्षिप्तता— जब हम संक्षेपण पढ़ते हैं तो हमें बताया जाता है कि अनुच्छेद का संक्षेपण होता है पर भाव का नहीं ठीक यही स्थिति कार्यालय पत्र लेखन या टिप्पणी लेखन में होता है। टिप्पणी में बात को संक्षेप में और प्रभावपूर्ण ढंग से प्रस्तुत करना चाहिए क्योंकि अधिकारी के पास बहुत विस्तृत टिप्पणी पढ़ने का समय नहीं होता है। इसलिए अनावश्यक विस्तार से बचते हुए तार्किक ढंग से बात कहनी चाहिए। पत्र जितना संक्षिप्त व गठा हुआ या गुंफन होगा, उतना ही अधिक प्रभावशाली भी होगा। संक्षिप्तता का अर्थ यह नहीं कि पत्र अपने-आप में पूर्ण न हो। जो कुछ भी पाठक द्वारा कहा जाना है, वह व्यर्थ के शब्द-जाल से मुक्त होना चाहिए। अतः जो कुछ भी पत्र में कहा जाए, कम से कम शब्दों में कहना चाहिए।

प्रवाह और प्रभावोत्पादकता — लेखन व्यवस्थित/चरणबद्ध होना चाहिए। अपने लेखन को योजनाबद्ध बनाएँ जिससे प्रवाह बनी रहे। पत्र की शैली

से पाठक प्रभावित हो सके तभी वह सफल मानी जाती है। हमारे विचारों की छाप उस पर पड़नी चाहिए, अतः इसके लिए शैली का परिमार्जित होना भी आवश्यक होता है। अच्छी व शुद्ध भाषा के बिना पत्र अपना असली रूप ग्रहण नहीं करता। वाक्यों का नियोजन, शब्दों का प्रयोग, मुहावरों का प्रयोग-अच्छी भाषा के गुण होते हैं। हमें सदा इसका प्रयोग करके पत्र को प्रभावशाली बनाने का प्रयास करना चाहिए।

पूर्णता— टिप्पणी लेखन करने वाला सहायक या अधिकारी को यह ध्यान रखना चाहिए कि प्रस्तुत पत्र में जो स्थिति सामने रखी गई है या जो प्रश्न उठाया गया है, उसका समाधान आवश्यक है। अतः उसे अपनी टिप्पणी में समाधान अवश्य सुझाना चाहिए अन्यथा टिप्पणी का कोई फायदा नहीं होगा। यह समाधान अपने आप में पूर्ण होना चाहिए। टिप्पणी करते समय पत्र में बताई गई समस्या के हल के लिए सर्वाधिक उपयुक्त विकल्प की ओर संकेत करना चाहिए। यह हल अपने आप में पूर्ण होना चाहिए। कोई भी पत्र अपने कथन या मंतव्य में स्वतः संपूर्ण होना चाहिए। उसे पढ़ने के उपरांत उस विषय से संबंधित किसी प्रकार की जिज्ञासा, शंका या स्पष्टीकरण की आवश्यकता शेष नहीं रहनी चाहिए। कई बार देखा गया है कि पत्र लेखक जिस विचार से पत्र लिखना आरंभ करता है, वह अप्रकट या अपूर्ण रह जाता है, लेकिन फिजूल बातों से ही पत्र भर जाता है। इसलिए पत्र लिखते समय इस बात का विशिष्ट ध्यान रखा जाना चाहिए कि कथ्य अपने-आप में पूर्ण तथा उद्देश्य की पूर्ति करने वाला हो।

तार्किक विचार — विचारों मे तर्क झलकना चाहिए। स्थिति पर नियमानुकूल कार्रवाई की अपेक्षा होनी चाहिए। किसी बात पर अनावश्यक या अतिरिक्त बल देने का प्रयास नहीं करना चाहिए इससे लगेगा कि टिप्पणी लिखने वाला व्यक्ति अपना स्वार्थ सिद्ध करना चाहता है। उसमें निष्पक्ष भाव से सभी तथ्यों और दृष्टिकोण प्रस्तुत कर देने चाहिए।

तटस्थता — टिप्पणी में किसी अधिकारी या कार्यालय या किसी व्यक्ति के प्रति कोई व्यक्तिगत आक्षेप नहीं होना चाहिए। इससे जितना हो सके बचना चाहिए।

सरल एवं स्पष्ट भाषा —सरल, छोटे और परिचित शब्दों का प्रयोग करना चाहिए। टिप्पणी की भाषा मर्यादित, शिष्ट, शालीनतापूर्ण एवम् संयत होनी चाहिए। उसमें अलंकार, मुहावरे, कहावतों का प्रयोग नहीं होना चाहिए। इसमें अनुवाद की झलक नहीं होनी चाहिए। मामले को भी स्पष्टता के साथ बोधगम्य रीति से प्रस्तुत किया जाना चाहिए। किसी पत्र में उसके लेखक के व्यक्तित्व,

स्वभाव, पद-प्रतिष्ठा-बोध और व्यावहारिक आचरण की झलक मिलती है। सरकारी, व्यावसायिक तथा अन्य औपचारिक पत्र की भाषा-शैली शिष्टतापूर्ण होनी चाहिए। अस्वीकृति, शिकायत, खीझ या नाराजगी भी शिष्ट भाषा में प्रकट की जाए तो उसका अधिक लाभकारी प्रभाव पड़ता है।

विभिन्न विराम-चिह्न (Punctuation) का प्रयोग — टिप्पणी लेखन में सही विराम - चिह्न का प्रयोग करना चाहिए जिससे की भाव स्पष्ट रहे। किसी निर्णय पर किंकर्तव्याविमूढ़ता की स्थिति नहीं बने इसके लिए जिस पर ध्यान केन्द्रित करना हो उसे वाक्य में पहले रखना चाहिए। हर नए विचार, नई बात के लिए पैराग्राफ, अल्प-विराम (Comma), अल्प-विराम (Semi colon), पूर्ण विराम, कोष्ठक आदि का प्रयोग उचित स्थल पर ही होना चाहिए। इससे लेखन-कला में निखार आता है। पत्र और टिप्पणी में प्रयुक्त चिह्न पर हमें विशेष ध्यान देना चाहिए। पुरुषवाचक सर्वनाम का अधिकाधिक प्रयोग— टिप्पणी में प्रथम पुरुष यानि मैं, या मैंने का प्रयोग नहीं किया जाता है क्योंकि टिप्पणी व्यक्तिगत न होकर वस्तुनिष्ठ होती है। इसमें अन्य पुरुष का व्यवहार किया जाता है।

शब्दों के संक्षिप्त रूप का कम प्रयोग — Acronym (परिवर्णी शब्द/संक्षिप्त शब्दरूप) जो प्रचलन में है जैसे नासा (NASA), यूनेस्को (UNESCO), नाटो (NATO), आदि उसका करना चाहिए परंतु अपने ओर से कोई शब्द को संक्षिप्त नहीं बनाना चाहिए । परिवर्णी शब्दों को कम ही प्रयोग करना चाहिए। Emoticon, Smiley , Netspeak आदि का प्रयोग बिलकुल नहीं होगा।

टिप्पणी प्रस्तुती के पाँच चरण — (क) आवती का विषय (ख) कारण (ग) नियम (घ) कार्यालय में कार्य की स्थिति (ङ) सुझाव ।

1. **विषय**— आवती या नये कार्य का विषय क्या है?
2. **कारण** — इसमें कार्य का कारण दिखाना होता है कि किस लिए यह संचिका प्रस्तुत किया जा रहा है। इसमें क्या माँग की गई है।
3. **नियम** — उपरोक्त स्थिति में नियम क्या कहता है।
4. **कार्यालय में कार्य की स्थिति** — कार्यालय में काम की स्थिति को देखते हुए उपरोक्त कार्य का औचित्य कितना है। इससे कार्यालय पर क्या प्रभाव पड़ेगा।

5. **सुझाव** — टिप्पणी के अंत में सहायक अपना सुझाव प्रस्तुत करता है। यदि अधिकारी को लगता है कि सुझाव युक्तियुक्त है, वाजिब है तो सुझाव का अनुमोदन के लिए आगे प्रस्तुत कर दिया जाता है।

टिप्पणी लेखन में कर्मचारी से आशा की जाती है कि वह—

विचाराधीन मामले को परिभाषित करेगा।

1. इसका विश्लेषण करेगा ।
2. जिन नियमों अधिनियमों नीति से इसका संबंध है उसकी ओर ध्यान दिलाएगा।
3. जिन बिन्दुओं पर निर्णय लिया जाना है उनको स्पष्ट रूप से बताएगा।
4. यदि वैकल्पिक तरीकों से मामला को सुलझाया जा सकता है तो उसकी चर्चा करेगा।
5. मामले को सुलझाने में सबसे अच्छा तरीका को स्पष्ट करेगा और बताएगा कि यह सबसे अच्छा क्यों है ?

टिप्पणी दो प्रकार की होती है —

1. नेमि टिप्पणी या प्रशासनिक टिप्पणी या टिप
2. स्वतः स्फूर्त टिप्पणी या व्याख्यात्मक टिप्पणी

नेमि टिप्पणी या प्रशासनिक टिप्पणी या टिप — नेमि टिप्पणी या टिप वह वाक्य होता है जो किसी आवती पर अधिकारी द्वारा लिखा जाता है। यह आदेशात्मक शैली का टिप्पणी होती है। जैसे- शीघ्र कार्रवाई करें, चर्चा करें, आगे कोई कार्य अपेक्षित नहीं है, देख लिया धन्यवाद, आदेश के लिए प्रस्तुत करें आदि।

स्वतः स्फूर्त टिप्पणी या व्याख्यात्मक टिप्पणी— इसे सामान्य टिप्पण, अनुभागीय टिप्पण, सम्पूर्ण टिप्पण भी कहते हैं। इसमें निहित सूचना अपने आप में पूर्ण होती है। ऐसी टिप्पणी सहायक और अधिकारी दोनों के स्तर से किया जाता है। ऐसी टिप्पणी की शुरूआत पहले एक विषय देकर नीचे से करना चाहिए। अधिकारी जब संचिका पर अर्थात मिसिल पर संक्षिप्त टिप्पणी करते हैं हैं जैसे- आदेशार्थ प्रस्तुत। अवलोकनार्थ प्रस्तुत। तो इसे सूक्ष्म टिप्पणी कहते हैं। सहायक, आरंभिक या मुख्य टिप्पणी जब संबंधित अधिकारी के पास भेजा जाता है तो वह अधिकारी टिप्पणी पढ़ने के बाद नीचे मंतव्य लिखते हैं। इसे आनुषंगिक टिप्पणी कहते हैं। आनुषंगिक टिप्पणी प्रायः संक्षिप्त होती है लेकिन कारण सहित

असहमति की स्थिति में कुछ अन्य स्थिति में कई बार इस प्रकार की टिप्पणी बड़ी भी हो सकती है।

टिप्पण का उद्देश्य—

(1.) प्राप्त पत्र में दिए गए विषय पर सभी तथ्यों और उनके पूर्ववृत्त की जानकारी संबंधित अधिकारी को देना। (2.) प्रस्तुत विषय में जो भी कार्यवाही संभव हो अथवा विकल्प संभव हो उनको स्पष्ट करना। ऐसा करते समय संगत नियमों का हवाला देना। (3.) यह संकेत करना कि उन विकल्पों में से किसे चुनना योग्य होगा। इस तरह के संकेत देते हुए योग्य तर्क प्रस्तुत करना जिससे कि संबद्ध अधिकारी सारी बात को, समस्या को पूरी तरह समझ सके। संक्षेप में, टिप्पणी में संबद्ध विषय की पिछली जानकारी भी होती है और आगे समाधान के लिए सुझाव भी। इस समस्त पृष्ठभूमि को ध्यान में रखते हुए अधिकारी को निर्णय लेने में सुविधा होती है।

संक्षेपन (Precis Writing)— संक्षेपन का अर्थ है किसी गद्यांश को अपनी भाषा में संक्षिप्त करके पुनः लिखना। A concise summary of a book, article, or other text; an abstract. इसे चिट्ठी का खुलासा अर्थात डाकेट भी कह सकते है। संक्षेपन में निम्नलिखित गुण होना चाहिए।

(क) शीर्षक
(ख) वाक्यों का क्रम प्रवाह
(ग) शुद्धता
(घ) स्पष्टता
(ङ) पूर्णता

टिप्पणी भी एक प्राकर से संक्षेपन ही होता है। कार्यालय में संक्षेपन का प्रयोग बहुधा किया जाता है। कोई कार्यवृत बनाना हो या कोई प्रतिवेदन प्रस्तुत करना हो सब जगह संक्षेपन का प्रयोग होता है। संक्षेपन के बारे में जानने के लिए किसी हिन्दी व्याकरण का अध्ययन किया जा सकता है। संक्षेपन का विलोम पल्लवन होता है। पल्लवन का प्रयोग कार्यालयीन कार्य में नहीं होता है।

टिप्पणी और अंतरविभागीय टिप्पणी में कुछ अंतर है जिसके लिए दोनों के बारे में तुलनात्मक अध्ययन इस पुस्तक में किया जा सकता है।

****

33

संचिका संख्यांकन और उसका वर्गीकरण

फाइल (मिसिल/संचिका/पत्रावली) का वर्गीकरण एवं क्रमसंख्या डालने की विधि — भारत सरकार, गृह मंत्रालय (ओ. एवं एम. विभाग) के आदेशानुसार भारत सरकार के विभागो, कार्यालयों और अधीनस्थ कार्यालयों में 1974 में वर्तमान संचिका पद्धति के स्थान पर व्यावहारिक संचिका अनुक्रमणिका (Functional File Index) को लागू किया गया।

तत्कालीन केंद्रीय सचिवालय के कार्यालयों में संचिका संख्यांकन पद्धति "कार्यालय प्रक्रिया का नियम पुस्तिका" के अनुसार थे, जिसमें बहुत से दोष थे। जैसे- (क) विभिन्न अनुभागों में संचिका संख्या और विषय के संबंध में एकरूपता का अभाव, (ख) संचिका खोजने में समय की बर्बादी, (ग) विषयों का क्रमांकन अलग-अलग होना आदि।

उपर्युक्त दोषों को दूर करने के लिए विषयवार और उप-विषयवार व्यावहारिक संचिका अनुक्रमणिका को तैयार किया गया जो इस प्रकार है— सभी विषय को एक **क्रियात्मक समूह** जैसे ए, बी, सी, डी, ई आदि के अंतर्गत रखा गया है।

1. प्रत्येक **क्रियात्मक समूह** (ए, बी, सी, डी, ई आदि) के अंतर्गत **मुख्य विषय या मुख्य शीर्ष** को रखा गया है। प्रत्येक मुख्य शीर्ष या मुख्य विषय को भारतीय संख्या पद्धति में 11 से लेकर 99 तक की संख्या निर्धारित किया गया है।
2. इसी प्रकार, प्रत्येक मुख्य विषय/शीर्ष को भी उप-विषय या उप-शीर्ष में बांटा गया है और इसके लिए भी भारतीय संख्या पद्धति में 11 से लेकर 99 तक की संख्या निर्धारित किया गया है।

3. मुख्य विषय और **उप-विषय के बीच शून्य** (0) से दोनों को अलग रखा गया है। शून्य के बाईं ओर के दो अंक मुख्य विषय तथा शून्य अंक के दाईं ओर के दोनों अंक उप-शीर्ष को सूचित करता है।

4. एक ही विषय के अंतर्गत खोली जाने वाली संचिकाओं को 1, 2, 3, 4, 5 आदि संख्या से दर्शाते हैं। इसे दो तिरछी रेखा {Forward slash या Regular slash या Oblique (/)} के बीच लिखा जाता है। विषय के लिए निर्धारित पाँच अंको के बाद एक तिरछी रेखा के बाद इस संख्या को लिखकर पुनः तिरछी रेखा से बंद कर देते हैं।
5. जिस वर्ष संचिका को खोली जाती है, उसे, खोली गई संचिका संख्या के बाद एक तिरछी रेखा के बाद वर्ष (अंकों में) लिखी जाती है।
6. प्रत्येक संचिका संख्या के बाद डैश (–) का चिह्न लिखकर संबन्धित अनुभाग, प्रशासन या इकाई का नाम संक्षिप्त में लिखा जाता है।

इस प्रकार, प्रत्येक विषय या उप-विषय को अंग्रेजी वर्णमाला के अक्षर तथा भारतीय संख्या से दर्शाया जाता है। संचिका जिस विषय से संबन्धित होती है, उसे नीचे संक्षेप में विषय के आगे लिखा जाता है।

जैसे – डी.11013/3/2014-स्था.

विषय : जनगणना निदेशालय बिहार का स्थानांतरण बिहार राज्य सहकारिता बैंक भवन से केन्द्रीय कार्यालय भवन, आशियाना-दीघा, पटना ।

संक्षेप में स्पष्टीकरण —

डी. = क्रियात्मक समूह को दर्शाता है।

11 = प्राथमिक विषय या मुख्य विषय को बतलाता है।

0 = मुख्य विषय और उप-विषय के बीच विभाजक का कार्य करता है।

13 = उप-विषय को सूचित करता है।

/= यह शलैश (oblique/forward slash/ virgule/ separatrix/solidus) एक विभाजन चिह्न है।

3 = शलैश के बाद एक अंक लिखा रहता है जो यह दर्शाता है कि इस विषय से खोली गई यह कैंवी फाइल है।

2014= यह उस वर्ष को इंगित करता है जिस वर्ष यह संचिका खोली गई है।

— = वर्ष के बाद यह एन-डैश का चिह्न लिखा जाता है। जिसके बाद शाखा का नाम लिखते हैं।

स्था. = एन-डैश के बाद संबन्धित अनुभाग का नाम संक्षिप्त में स्था. (स्थापना) लिखा गया है।

व्यावहारिक संचिका अनुक्रमणिका – सूची क्रियात्मक समहू का नाम

ए. = स्थापना;

बी. = कल्याण;

सी. = सतर्कता,
डी. = सामान्य कार्यालय सेवा;
ई. = हिन्दी;
एफ. = लोक सम्पर्क;
जी. = वित्त, बजट, नकद, और लेखा;
एच. = संसद।
नोट- इसी प्रकार, विभिन्न कार्यालय आवश्यकतानुसार, क्रियात्मक समूह को अंग्रेजी वर्णमाला के अक्षरों में आगे बढ़ा सकते हैं ।

दूसरी विधि जो पुरानी है और आज भी किसी-किसी कार्यालयों में देखने को मिल जाती है –
उदाहरण- 13-1(5)/2011-रिकॉर्ड
यहाँ 13- Basic head

1- Primary head
(5) – Secondary head
2011- संचिका खोलने का वर्ष

****

विभिन्न समूहों के अंतर्गत आनेवाले मुख्य विषय/मुख्य शीर्ष एवं उप-विषय या उप शीर्ष

क्रियात्मक समूह "ए."— स्थापना

मुख्य विषय (11 से 99 तक) — उप-विषय (11 से 99 तक)

11. पदों का सृजन, वर्गीकरण। ← (मुख्य विषय)

(उप-विषय)—› 11. पदों का उतरोत्तर बहाल/सेवा समाप्ति/पुनर्जीवित करने संबंधी 12. अस्थाई पदों का स्थायी पदों में परिवर्तन 13. पदों का सृजन 14. वेतनमान का पुनरीक्षण 15. पदो का उन्नयन 16. विविध।

12. – भर्ती

11. भर्ती (सामान्य और संवैधानिक प्रावधानों सहित) 12. मृतक कर्मचारी के आश्रितों की भर्ती 13. मानदेय पर कर्मियों की भर्ती 14. गैर-भारतीय की भर्ती 15. पदों का वार्षिक आकलन 16. रोजगार की प्राथमिकता एवं नामावली (Roster) का रख-रखाव 17. यू.पी.एस.सी. पत्राचार (परामर्श से छुट) 18. भर्ती नियम का निर्दिष्टीकरण 19. रिक्तियों की अधिसूचना जारी करने संबंधी 20. स्थानीय नियोजनालय (रोजगार दफ्तर) द्वारा भर्ती और उनका चयन 21. नियोजनालय द्वारा भर्ती 22. गृह मंत्रालय द्वारा भर्ती 23. मंत्रालयों द्वारा भर्ती 24. स्वतंत्र रूप से खुले बाजार में विज्ञापित पदों के लिया भर्ती 25. यू.पी.एस.सी. द्वारा भर्ती, समूह "क, ख, ख (अराजपत्रित) की भर्ती और अनुमोदन की मांग सहित 26. यू.पी.एस.सी. को छोड़कर अन्य द्वारा भर्ती 27. सेवाओं में आरक्षण 28. भर्ती में वापसी संबंधी 29. यू.पी.एस.सी. के परामर्श के बिना भर्ती और पदोन्नति संबंधी 30. कर्मचारियों की संख्या विवरणी 31. विविध।

13. – नियुक्ति हेतु उम्मीदवार की उपयुक्तता/सरकारी सेवा में बहाली के लिए अर्हता।

11. राजनीति में भागीदारी 12. यू.पी.एस.सी. द्वारा परीक्षा में उपस्थित होने पर प्रतिबंध 13. केन्द्रीय सेवाओं के लिए योग्यता संबंधी प्रमाणीकरण तथा नेपाल, तिब्बत और पाकिस्तान से निर्वासितों से संबंधी 14. रोजगार के लिए आवसीय योग्यता 15. विविध।

14. – अनुसूचित जाति एवं जनजाति

11. पदों और सेवाओं में प्रतिनिधि– नीति और सुरक्षा 12. रिक्तियों का आरक्षण 13. रिक्तियों का अनारक्षण 14. अनुसूचित जाति/जनजाति/हरिजन केन्द्रीय सलाहकार बोर्ड / आकलन समिति के लिए आयोग की सिफारिस 15. सेवाओं में आरक्षण के अनदेखी के संबंध में संघ की ओर से शिकायत 16. विविध।

15. – भर्ती

11. सामान्य सिद्धांत 12. समूह-क 13. समूह-ख 14. समूह-ख (अराजपत्रित) 15. समूह-ग 16. समूह-घ 17. विविध।

16. – चरित्र और पूर्व वृत का सत्यापन या पुनर्सत्यापन

11.नियम (सामान्य) 12. समूह-क 13. समूह-ख 14. समूह-ख (अराजपत्रित) 15. समूह-ग 16. समूह-घ 17. विविध।

17. – चिकित्सीय जाँच

11.नियम (सामान्य) 12. समूह-क 13. समूह-ख 14. समूह-ख (अराजपत्रित)। 15. समूह-ग 16. समूह-घ 17. विविध।

18. – संविधान के प्रति सपथ या प्रतिज्ञा

11. सपथ/प्रतिज्ञा का रजिस्टर 12. विविध।

19. – निजी संचिका (राजपत्रित)

11. सचिव/विशेष सचिव/अपर सचिव 12. संयुक्त सचिव 13. निदेशक/ उप सचिव 14. अवर सचिव 15. अनुभाग अधिकारी 16. आशुलिपिक (ग्रेड-II) चयन 17. आशुलिपिक ग्रेड-I 18. विविध।

20. – निजी संचिका (अराजपत्रित)

11. निजी संचिका (अराजपत्रित शोध सहायक/तकनीकी सहायक/ सांख्यिकी सहायक 12. सहायक 13. आशुलिपिक ग्रेड-II 14. अन्वेषक 15. प्रवर श्रेणी लिपिक (उच्च वर्गीय लिपिक) 16. आशुलिपिक ग्रेड-III 17. अवर श्रेणी लिपिक (निम्न वर्गीय लिपिक) 18. स्टाफ गाड़ी चालक 19. दफ्तरी 20. चपरासी 21. विविध ।

21. – सेवा अभिलेख

11.सेवाओं का इतिहास 12. समूह-क 13. समूह-ख 14. सेवा पुस्तिका/ सेवा वृत्त (अराजपत्रित कर्मचारी) 15. सरकारी कर्मचारी के नाम में परिवर्तन 16. जन्मतिथि में परिवर्तन 17. सरकारी कर्मचारी के शैक्षणिक योग्यता में परिवर्तन 18. विविध।

22. – तैनाती एवं स्थानांतरण

11. सामान्य स्थिति 12. समूह-क 13. समूह-ख 14. समूह-ख (अराजपत्रित) 15. समूह-ग 16. समूह-घ 17. विविध।

23. – वरीयता

11. सामान्य सिद्धांत 12. सी.एस.एस. नियम 13. सी.एस.एस.एस. नियम 14. सी.एस.सी.एस. नियम 15. भारतीय सांख्यिकी सेवा नियम 16. भारतीय आर्थिक सेवा नियम 17. युद्ध सेवा नियम (ग्रहणाधिकार वरीयता) 18. स्थापित संगठितसेवा 19. राजनीतिक से पीड़ित 20. विविध।

25. – आकस्मिक अवकाश (विशेष आकस्मिक अवकाश सहित)

11. नियम 12. समूह-क 13. समूह-ख 14. समूह-ख (अराजपत्रित) 15. समूह-ग 16. समूह-घ 17. विविध।

26. – विशेष वेतन / वेतन

11. नियम (सामान्य) 12. युद्ध सेवा (नियम) 13. राजनीतिक उत्पीड़ित 14. समूह-क 15. समूह-ख 16. समूह-ख (अराजपत्रित)। 17. समूह-ग 18. समूह-घ 19. विविध।

27. – भत्ता

11. नियम (सामान्य) 12. शिशु शिक्षण भत्ता (नियम और सामान्य स्थिति) 13. शिशु शिक्षण भत्ता का दावा 14. महंगाई भत्ता, मकान किराया भत्ता और शिशु देखभाल भत्ता 15. प्रतिनियुक्ति भत्ता 16. समयोपरि (ओवरटाइम) कार्य भत्ता 17. यात्रा भत्ता 18. धुलाई भत्ता 19. राजनीतिक उत्पीड़ित बच्चों के लिए शैक्षणिक रियायत 20. विविध।

28. – गोपनीय / विचार रिपोर्ट

11 नियम (सामान्य) 12. समूह-क के अधिकारियों का गोपनीय रिपोर्ट 13. समूह–ख के अधिकारियों का गोपनीय रिपोर्ट 14. समूह–ख के अराजपत्रित कर्मचारियों का गोपनीय रिपोर्ट 15. समूह–ग के कर्मचारियों का गोपनीय रिपोर्ट 16. समूह–घ के कर्मचारियों का गोपनीय रिपोर्ट 17. गलत प्रविष्टियों के संबंध में पत्राचार 18. गलत प्रविष्टियों के संबंध में अभ्यावेदन 19. विविध।

29. – वेतनवृद्धि

11 नियम (सामान्य) 12. दक्षता रोध 13. वेतन वृद्धि को रोकना 14. अभयवेदन और अर्जी पत्र 15. विविध।

30. – स्थायिवत्ता (Quasi-permanency)

11. नियम (सामान्य) 12. केन्द्रीय सिविल सेवा (अस्थाई सेवा) नियम 1949 (सामान्य) 13. समूह- क के अधिकारियों का स्थायिवत्ता का घोषणा 14. समूह-ख के अधिकारियों का स्थायिवत्ता का घोषणा 15. समूह-ख के अराजपत्रित कर्मचारियों का स्थायिवत्ता का घोषणा 16. समूह-ग के कर्मचारियों का स्थायिवत्ता का घोषणा 17. समूह-ग के कर्मचारियों का स्थायिवत्ता का घोषणा 18. अभ्यावेदन और अर्जी पत्र 19. विविध।

31. – परिवीक्षा अवधि / स्थायीकरण

11. सामान्य सिद्धांत (परिवीक्षा) 12. नियम (स्थायीकरण) 13. समूह–क के अधिकारियों का स्थायीकरण/परिवीक्षा अवधि का विस्तार 14. समूह–ख के अधिकारियों का स्थायीकरण/परिवीक्षा अवधि का विस्तार 15. समूह–ख (अराजपत्रित) के अधिकारियों का स्थायीकरण/परिवीक्षा अवधि का विस्तार 16. समूह–ग के कर्मचारियों का स्थायीकरण 17. समूह–घ के कर्मचारियों का स्थायीकरण 18. पूर्व संवर्ग पदों में स्थायीकरण 19. अभ्यावेदन और अर्जी पत्र 20. विविध।

32. – पदोन्नति

11. सामान्य सिद्धांत 12. विभागीय पदोन्नति समिति 13. समूह-क 14. समूह-ख 15. समूह-ख (अराजपत्रित) 16. समूह-ग 17. समूह-घ 18. अभ्यावेदन और अर्जी पत्र 19. विविध।

33. – भारत और विदेशों में प्रशिक्षण / छात्रवृति / अध्येतावृति

11. आई.आई.पी.ए. में लोक प्रशासन में डिप्लोमा पाठ्यक्रम 12. राज्यों में अधिकारियों का कार्यकारी प्रशिक्षण 13. राष्ट्रीय प्रशासनिक अकादमी, मसूरी में पुनश्चर्या पाठ्यक्रम 14. लेखा कार्य में प्रशिक्षण 15. सचिवालय प्रशिक्षण विद्यालय में सीधी भर्ती से आए सहायकों का प्रशिक्षण 16. अंग्रेजी/हिन्दी आशुलिपि में प्रशिक्षण 17. अंग्रेजी/हिन्दी टंकण में प्रशिक्षण 18. सचिवालय प्रशिक्षण विद्यालय में सीधी भर्ती से आए निम्न वर्गीय लिपिकों का प्रशिक्षण 19. प्रशासनिक कर्मचारी महाविद्यालय (Administrative Staff College), हैदराबाद में अधिकारियों का प्रशिक्षण 20. सचिवालय प्रशिक्षण विद्यालय में सीधी भर्ती से आए आशुलिपिकों का प्रशिक्षण 21. ओ. एण्ड एम. कार्य अध्ययन में प्रशिक्षण 22. विदेशों में प्रशिक्षण 23. विविध।

34. – विभागीय परीक्षा

11. नियमों की रूपरेखा 12. परीक्षा का आयोजन 13. परीक्षा परिणामों की घोषणा 14. अभ्यावेदन और अर्जी पत्र 15. विविध।

35. – प्रतिनियुक्ति एवं प्रतिनिधिमंडल

11. प्रतिनियुक्ति– विदेशों और भारत में प्रतिनियुक्ति संबंधी नियम 12. भारत और विदेश में प्रतिनिधिमंडल 13. ए.आई.एस. अधिकारियों की प्रतिनियुक्ति 14. सी.एस.एस. अधिकारियों की प्रतिनियुक्ति 15. सी.एस.एस.एस. अधिकारियों की प्रतिनियुक्ति 16. सी.एस.सी.एस. अधिकारियों की प्रतिनियुक्ति 17. संगठित सेवाएँ 18. विविध।

36. – शक्तियों का प्रत्यायोजन

11. नियम (सामान्य स्थिति) 12. एफ़.आर. और एस.आर. 13. वित्तीय शक्तियों का प्रत्यायोजन नियम 1958 14. सी.एस.आर. (सिविल सेवा विनियम) 15. पदेन स्थिति की अनुमति 16. विविध।

37. – मानदेय / पुरस्कार

11. नियम (सामान्य स्थिति) 12. समूह-क 13. समूह-ख 14. समूह-ख (अराजपत्रित) 15. समूह-ग 16. समूह-घ 17. विविध।

38. – पेंसन / सेवानिवृति

11. नियम (सामान्य स्थिति) 12. समूह-क 13. समूह-ख 14. समूह-ख (अराजपत्रित) 15. समूह-ग 16. समूह-घ 17. विविध।

39. – त्यागपत्र

11. नियम (सामान्य स्थिति) 12. समूह-क 13. समूह-ख 14. समूह-ख (अराजपत्रित) 15. समूह-ग 16. समूह-घ 17. विविध।

40. – सेवा विस्तार

11. नियम (सामान्य स्थिति) 12. समूह-क 13. समूह-ख 14. समूह-ख (अराजपत्रित) 15. समूह-ग 16. समूह-घ 17. विविध।

41. – पुनर्नियोजन

11. नियम (सामान्य स्थिति) 12. समूह-क 13. समूह-ख 14. समूह-ख (अराजपत्रित) 15. समूह-ग 16. समूह-घ 17. विविध।

42. – कैरियर प्रबंधन

11. नियम (सामान्य स्थिति) 12. विविध।

43. – कर्मचारियों का नामांकन

11. सामान्य स्थिति 12. जनगणना कार्य 13. समितियाँ, कार्यकारी समूह आदि 14. चुनाव कार्य 15. अन्वीक्षन (अन्वेषन) 16. विविध।

44. – आवेदन पत्रों का अग्रसारण/अग्रेषण

11. सामान्य स्थिति 12. मोटर गाड़ी, मोटर साइकिल, स्कूटर आदि 13. परीक्षा संबंधी 14. पद संबंधी 15. विविध।

45. – विविध

नोट— 11. .... 12. .... 13. .... 14. .... और इसी प्रकार अन्य उप-विषय को 99 तक लिखा जा सकता है।

****

क्रियात्मक समूह "बी." – कल्याण

11. – सामान्य कर्मचारी कल्याण उपाय

11. बोर्ड 12. सी.एस.एस. नियम (सेवा संघ की मान्यता) 13. विविध।

12. – विभागीय परिषद / कार्यालय परिषद

11. सामान्य स्थिति/निर्देश 12. विभागीय परिषद का गठन 13. कार्यालय परिषद का गठन 14. विभागीय परिषद की बैठक 15. कार्यालय परिषद की बैठक 16. क्षेत्रीय परिषद की बैठक 17. कर्मचारी की एकता/संघ 18. विविध।

13. – सहायता अनुदान

11. सामान्य 12. खेल-कूद और अन्य सांस्कृतिक क्रियाकलापों के लिए अनुदान 13. वार्षिक लेखा का प्रेषण 14. विभागीय कैंटीन 15. विविध।

14. – सहकारी समितियाँ

11. नियम और उप-नियम (सामान्य) 12. कार्यालय धारकों का चुनाव 13. सहकारी समितियों की बैठकें 14. अंशदान और ऋण की वसूली 15. विविध।

15. – केन्द्रीय सचिवालय पुस्तकालय

11. सामान्य 12. सदस्यता आवेदन 13. विविध।

****

क्रियात्मक समूह "सी." – सतर्कता

11. – केंद्रीय सिविल सेवा (वर्गिकरण, नियंत्रण और अपील) नियम – वर्गिकरण और व्याख्या

11. सामान्य अधिसूचना 12. नियुक्ति प्राधिकारी, अनुशासनिक प्राधिकारी और अपीलीय प्राधिकारी संबंधी अनुसूची 13. अभियोग पत्र, कागजी साक्ष्य, जांच अधिकारी, गवाहों की परीक्षा और कारण बताओं सूचना संबंधी 14. दंड संबंधी 15. यू.पी.एस.सी. के साथ परामर्श संबंधी 16. अपील और अर्जी संबंधी 17. निलंबन और जीविका भत्ता संबंधी 18. विविध।

12. – अखिल भारतीय सेवा (अनुशासन और अपील) नियम 1955 – स्पष्टीकरण और व्याख्या

11. सामान्य 12. नियम 1 से 7 के संबंध में 13. नियम 8 से 11 के संबंध में 14. नियम 12 से 18 के संबंध में 15. नियम 19 से 23 के संबंध में 16. विविध।

13. – शिकायत

11. समूह-क 12. समूह-ख 13. समूह-ग 14. समूह-घ 15. सामान्य 16. दो या अधिक समूहों के विरुद्ध 17. विविध।

14. – अनुशासनिक कार्यवाही

11. समूह-क 12. समूह-ख 13. समूह-ग 14. समूह-घ 15. संयुक्त जांच 16. विविध।

15. – अभियोजन

11. समूह-क 12. समूह-ख 13. समूह-ग 14. समूह-घ 15. संयुक्त जांच 16. विविध।

16. – अपील

11. समूह-क 12. समूह-ख 13. समूह-ग 14. समूह-घ 15. विविध।

17. – अर्जी (आवेदन)

11. समूह-क 12. समूह-ख 13. समूह-ग 14. समूह-घ 15. विविध।

18. – अदालती मामला

11. समूह-क 12. समूह-ख 13. समूह-ग 14. समूह-घ 15. विविध।

19. – केन्द्रीय सिविल सेवा (आचरण) नियम 1964- स्पष्टीकरण और व्याख्या

11. सामान्य अधिसूचना 12. नियम 1 से 7 के संबंध में 13. नियम 8 से 11 के संबंध में 14. नियम 12 से 18 के संबंध में 15. नियम 19 से 25 के संबंध में 16. विविध।

20. – अखिल भारतीय सेवा (आचरण) नियम 1954- स्पष्टीकरण और व्याख्या

11. सामान्य अधिसूचना 12. नियम 1 से 7 के संबंध में 13. नियम 8 से 14 के संबंध में 14. नियम 15 से 20 के संबंध में 15. विविध।

21. – केन्द्रीय सिविल सेवा (राष्ट्रिय सुरक्षा का संरक्षण) नियम 1953- स्पष्टीकरण और व्याख्या

11. सामान्य अधिसूचना 12. नियम 1 से 2 13. नियम 3 से 4 14. नियम 5 से 7 15. विविध।

22. – आश्रितों का भारत में विदेशी मिशन / निजी फार्मों में नियोजन

11. सूचना 12. मंजूरी 13. विविध।

23. – राजनीति में भागीदारी

11. सूचना 12. विविध।

24. – रेडियो प्रसारण, सूचनाओं का योगदान, समाचार पत्रों का प्रबंधन, पुस्तकें

11. मंजूरी 12. विविध।

25. – जांच समिति के समक्ष साक्ष्य

11. मंजूरी 12. विविध।

26. – चंदा

11. मंजूरी 12. विविध।

27. – उपहार

11. सूचना 12. विविध।

28. – निजी व्यापार या रोजगार

11. मंजूरी 12. विविध।

29. – चल या अचल संपत्ति

11. संपत्ति विवरणी (सामान्य) 12. समूह-क का विवरणी 13. समूह-ख (राजपत्रित) का विवरणी 14. समूह-ख (अराजपत्रित) का विवरणी 15. समूह-ग का विवरणी 16. सूचना 17. मंजूरी 18. विविध।

30. – रिपोर्ट एवं विवरणी

11. पाक्षिक 12. मासिक 13. त्रैमासिक 14. छमाही 15. वार्षिक 16. विविध।

31. – सतर्कता प्रशासन

11. सामान्य 12. अधिनियम, नियम, पुस्तिका 13. सतर्कता का गठन 14. बैठक 15. विविध।

****

क्रियात्मक समूह "डी." – सामान्य कार्यालय सेवा

11. – आवास

11. कार्यालय आवास (सामान्य) 12. कार्यालय आवास की आवश्यकताएँ – भूसंपत्ति निदेशालय का आकलन 13. स्थानांतरण की व्यवस्थाएं 14. आवासीय मकान (सामान्य) 15. टाइप-I से टाइप VII तक के आवासीय मकान के आबंटन हेतु आवेदन 16. आवासीय मकान परिवर्तन हेतु आवेदन 17. किराया मुक्त/ कम किराया वाले मकान हेतु आवेदन 18. बेसमय आवास का आवेदन/प्रस्ताव और इसकी स्वीकृति, अस्वीकृति और संगत संबन्धित पत्राचार 19. साझेदारी आवास के लिए आवेदन 20. जलापूर्ति और विद्युत कनेक्सन के लिए आवेदन – गारंटी पत्र का विषय 21. आवास छोड़ने का आवेदन 22. टाइप-I से टाइप IV तक के आवासीय मकान के नियमित आबंटन का प्रस्ताव और इसकी स्वीकृति, अस्वीकृति और संगत संबन्धित पत्राचार 23. टाइप-V से टाइप VII तक के आवासीय मकान के नियमित आबंटन का प्रस्ताव और इसकी स्वीकृति, अस्वीकृति और संगत संबन्धित पत्राचार 24. अनाधिकृत रूप से सरकारी आवास को दूसरे को किराए पर देना 25. सामान्य पूल से विभिन्न टाइप के आवास के लिए प्रतीक्षा सूची 26. मकान किराया भत्ता (सामान्य) 27. मकान किराया भत्ता का प्रतिशत के आधार पर स्वीकृति के लिए आवासीय वेतनमन का अनुमोदन 28. विविध।

12. – केन्द्रीय सरकारी स्वास्थ्य योजना

11. केन्द्रीय सरकारी स्वास्थ्य योजना नियम (सामान्य) 12. सी.जी.एच.एस. चिकित्सा कार्ड निर्गत करना 13. चिकित्सा कार्ड में नाम जोड़ना, परिवर्तन या विलुप्त करना 14. चिकित्सीय खर्च (सामान्य) 15. चिकित्सीय खर्च का क्षतिपूर्ति 16. विविध।

13. – काम करने का वातावरण

11. नियम (सामान्य) 12. वातानुकूलित/ कूलर की व्यवस्था 13. पंखा की व्यवस्था 14. खास-खास वस्तुओं की व्यवस्था 15. ग्रीष्म ऋतु में पानी की व्यवस्था हेतु आदमी की तैनाती 16. सुराही की व्यवस्था 17. हीटर की व्यवस्था 18. चतुर्थ वर्गीय कर्मी के लिए कोयला की व्यवस्था 19. ग्लास और जग की व्यवस्था 20. विविध।

14. – फर्नीचर

11. खरीदने, भाड़े पर लाने, हटाने के लिए नियम (सामान्य) 12. बेकार वस्तुओं को हटाना या समाप्त करना 13. भाड़े पर लेना या खरीदना 14. रख-रखाव एवं मरम्मत करना 15. भौतिक सत्यापन 16. विविध।

15. – स्टेशनरी एवं प्रपत्र

11. प्राप्ति के नियम (सामान्य) 12. सी.सी.पी. एंड एस. पर प्रपत्रों के लिए माँग 13. सी.सी.पी. एंड एस. पर स्टेशनरी के लिए माँग 14. स्थानीय खरीद 15. स्टेशनरी की आपूर्ति 16. भौतिक सत्यापन 17. विविध।

16. – टाइपराइटर

11. प्राप्ति या निपटारा के नियम (सामान्य) 12. हटाना या समाप्त करना 13. डी.जी.एस. एंड डी. का दर 14. भाड़ा पर लेना 15. खरीदारी 16. मरम्मत और रख-रखाव तथा इसका बिल 17. भौतिक सत्यापन 18. विविध।

17. – फोटोकापी मशीन

11. प्राप्ति या निपटारा के नियम (सामान्य) 12. हटाना या समाप्त करना 13. डी.जी.एस. एंड डी. का दर 14. भाड़ा पर लेना 15. खरीदारी 16. मरम्मत और रख-रखाव तथा इसका बिल 17. भौतिक सत्यापन 18. विविध।

18. – संगणक (कम्प्यूटर) और हिसाब करने मशीन

11. प्राप्ति या निपटारा के नियम (सामान्य) 12. हटाना या समाप्त करना 13. डी.जी.एस. एंड डी. का दर 14. भाड़ा पर लेना 15. खरीदारी 16. मरम्मत और रख-रखाव तथा इसका बिल 17. भौतिक सत्यापन 18. विविध।

19. – कार्यालय के अन्य मशीन

11. प्राप्ति या निपटारा के नियम (सामान्य) 12. हटाना या समाप्त करना 13. डी.जी.एस. एंड डी. का दर 14. भाड़ा पर लेना 15. खरीदारी 16. मरम्मत और रख-रखाव तथा इसका बिल 17. भौतिक सत्यापन 18. विविध।

20. – साईकिल

11. प्राप्ति या निपटारा के नियम (सामान्य) 12. हटाना या समाप्त करना 13. खरीदना 14. मरम्मत एवं रख-रखाव 15. भौतिक सत्यापन 16. विविध।

21. – कार्यालयी साज-समान, इलेक्ट्रोनिकल और मशीनरी उपस्कर तथा अन्य विविध स्टोर सहित

11. प्राप्ति या निपटारा के नियम (सामान्य) 12. हटाना या समाप्त करना 13. खरीदना 14. मरम्मत एवं रख-रखाव 15. भौतिक सत्यापन 16. विविध।

22. – वर्दी

11. नियम (हकदार कर्मी और वर्दी के चीजों का स्तर) 12. सामग्रियों की प्राप्ति 13. सिलाई और टेलरिंग 14. जूतों और चपलों की आपूर्ति 15. वापसी, नया, समर्पण और लेना 16. विविध।

23. – प्रतिबंधित फ़र्म/ठेकेदार की सूची

11. परिपत्र (सामान्य) 12. विविध।

24. – आपूर्ति के लिए ठेकेदार

11. अनुमोदन सूची 12. विविध।

25. – दूरभाष

11. कार्यालय का दूरभाष – लगाना और स्थानांतरण और इसका बिल 12. आवासीय दूरभाष – लगाना और इसका बिल 13. मरम्मत और रख-रखाव 14. ट्रंक कॉल रजिस्टर 15. विविध।

26. – स्टाफ कार

11. नियम (सामान्य) 12. बुकिंग 13. कार्य पंजी (लॉग बुक) 14. गैर-कार्यालयी यात्रा 15. पी.ओ.एल./वस्तुओं की खरीद 16. सर्विसिंग, मरम्मत और पार्ट-पुर्जों का बदलना तथा संगत पत्राचार 17. विविध।

27. – बेकार, अप्रयुक्त और आधिक्य वस्तुएँ

11. नियम (सामान्य) 12. नीलामीकर्ता की अनुमोदित सूची 13. नीलामीकर्ता का अनुबंध और नीलामी की सूचना 14. विविध।

28. – अभिलेखों का रख-रखाव

11. अभिलेखों के पुनरावलोकन का नियम (सामान्य) 12. अभिलेख अलमारी और भंडारण 13. विविध।

29. – मुद्रण और जिल्दबंदी

11. मुद्रण और जिल्दबंदी के लिए नियम (सामान्य) 12. मुद्रण और जिल्दबंदी संबंधी पत्राचार 13. विविध।

30. – पुस्तकालय

11. किताबों की माँग और प्राप्ति (सरकारी पुस्तकों को छोड़कर) 12. पत्रिकाओं की माँग और प्राप्ति 13. सरकारी पुस्तकों की खरीद 14. उधार देना, स्थानांतरण करना (माँग-पत्र, अनुस्मारक आदि) 15. पुस्तकालय समिति 16. किताबों का जिल्दसाजिकरण 17. विविध।

31. – व्यवस्थाओं का देख-रेख

11. सफाईकर्ता और चौकीदार आदि के बीच कामों का निर्धारण 12. चुने से रंगाई की व्यवस्था 13. विविध।

32. – सुरक्षा

11. नियम (सामान्य) 12. गोपनीय और गुप्त बक्सा 13. नकली चाबी और इसका रख-रखाव 14. अग्निशमन व्यवस्था 15. पहचान-पत्र निर्गत करना तथा इससे संबन्धित पत्राचार 16. पहचान-पत्र का खो जाना 17. अस्थाई पास की व्यवस्था करना 18. नागरिक सुरक्षा 19. विविध।

****

क्रियात्मक समूह "ई." – हिन्दी

11. – सरकारी कार्यालयों में हिन्दी के प्रगामी प्रयोग

11. हिन्दी समितियाँ और सामान्य रूप 12. आदेश का परिचालन 13. हिन्दी में टेलीग्राफिक पता का निबंधन 14. विविध।

12. – हिन्दी शिक्षण योजना

11. सामान्य रूप और हिन्दी समितियाँ 12. प्रशिक्षण कार्यक्रम 13. परीक्षा 14. अग्रिम वेतन वृद्धि की अनुमति 15. पुरस्कार की अनुमति 16. विविध।

13. – दस्तावेजों का अनुवाद

11. वार्षिक रिपोर्ट 12. विभागीय नियम पुस्तिका (मैनुअल) 13. लोक सभा प्रश्न 14. राज्य सभा प्रश्न 15. कार्यालय आदेश 16. विविध।

क्रियात्मक समूह "एफ़." – जनसम्पर्क

11. – स्वागत

11. पूछताछ या स्वागत कार्यालय 12. कार्यालय आहते में प्रवेश संबंधी विनियम 13. अनुरक्षी अतिथि के लिए व्यवस्थाएं 14. विविध।

12. – शिकायत और पूछताछ

11. सरकार के प्रतिनिधियों द्वारा शिकायत और पूछताछ 12. व्यापारियों द्वारा शिकायत और पूछताछ 13. विविध।

13. – प्रतिनिधि समिति

11. प्रतिनिधि समिति का गठन 12. निर्णयों के विरुद्ध मुकद्दमों की कार्रवाई 13. विविध।

14. – प्रेस

11. प्रचार-प्रसार और इनका नियम 12. लोक सूचना पदाधिकारी से पत्राचार 13. संवाददाता सम्मेलन (प्रेस कनफेरेंश) के लिए व्यवस्थाएं 14. प्रेस विज्ञप्ति 15. प्रेस नोट 16. विविध ।

15. – पी.एल.वाई. / डी.एल.ज़ेड. गाड़ी

11. नियम 12. प्रतिनिध मंडल के लिए पी.एल.वाई./डी.एल.ज़ेड. गाड़ी की व्यवस्थाएं 13. विविध।

16.– मनोरंजन

11. नियम (सामान्य) 12. व्यवस्थाएं 13. विविध।

17. – झण्डा

11. खरीद 12. विविध।

18. – उपहार

11. नियम (सामान्य) 12. अतिथि प्रतिनिधि मंडल के लिए उपहार खरीदना 13. विदेश जानेवाले प्रतिनिधि मंडल के लिए उपहार खरीदना 14. मंत्रालय/विभाग के अधिकारियों द्वारा प्राप्त उपहार की स्वीकृति या स्थानांतरण 15. विविध।

19. – आतिथ्य सत्कार की स्वीकृति

11. नियम (सामान्य) 12. प्रतिनिधि मंडल के लिए आतिथ्य सत्कार हेतु कोष के लिए आवेदन 13. विविध।

20. – बैठक, सम्मेलन, अनुष्ठान और समारोह

11. आवास का आरक्षण 12. बैठने/सुनने की व्यवस्थाएं 13. स्वागत की व्यवस्थाएं 14. रिपोर्ट और अनुवाद की की व्यवस्थाएं 15. यातायात की व्यवस्थाएं 16. विविध।

21. – प्रतिनिधि मंडल

11. यात्रा/भ्रमण एवं दौरा कार्यक्रम 12. प्रतिनिधि मंडल के स्वागत और विदाई के लिए व्यवस्थाएं 13. होटल में ठहरने के लिए व्यवस्थाएं 14. ऐतिहासिक स्थलों के भ्रमण के लिए व्यवस्थाएं 15. समझौता पर हस्ताक्षर समारोह के लिए व्यवस्थाएं 16. विविध।

22. – वीजा

11. नियम (सामान्य) 12. भारत दौरे पर आने वाले प्रतिनिधि मंडल के लिए वीजा 13. भारत में काम कर रहे विदेशी कर्मी के लिए वीजा 14. मंत्रालय/विभाग के कर्मियों के लिए पासपोर्ट और वीजा 15. विविध।

23. – विविध

11. बजट और लेखा 12. सामान्य प्रशासन 13. समयोपरि (ओवर टाइम) कार्य करने पर व्यय की विवरणी 14. परिपत्र 15. विविध।

क्रियात्मक समूह "जी." – वित्त, बजट, नकद एवं लेखा

11. – पदों का सृजन

11. पदों का निरंतरता या स्थगन 12. पदों का सृजन 13. वेतनमान का संशोधन 14. पदों का उन्नयन 15. अस्थाई पदों का स्थायी पदों में परिवर्तन 16.विविध।

12. – वेतन

11. नियम (सामान्य) 12. समूह–क 13. समूह–ख 14. समूह–ख (अराजपत्रित) 15. समूह–ग 16. 1 समूह–घ 17. विविध।

13. – विशेष वेतन

11. नियम (सामान्य) 12. समूह–क 13. समूह–ख 14. समूह–ख (अराजपत्रित) 15. समूह–ग 16. 1 समूह–घ 17. विविध।

14. – भत्ता

11. नियम (सामान्य) 12. शिशु शिक्षण भत्ता 13. शहरी क्षतिपूर्ति भत्ता 14. दैनिक भत्ता 15. महँगाई भत्ता 16. प्रतिनियुक्ति भत्ता 17. मकान किराया भत्ता 18. समयोपरि (ओवर टाइम) कार्य भत्ता 19. यात्रा भत्ता 20. धुलाई भत्ता 21. विविध।

15. – वेतन वृद्धि

11. नियम (सामान्य) 12. अग्रिम वृद्धि 13. कुशलता परीक्षण 14. वृद्धि को वापस लेना 15. विविध।

16. – प्रतिनियुक्ति और प्रतिनिधि मंडल

11. नियम- भारत में विदेश सेवा पर प्रतिनियुक्ति 12. नियम – विदेशों में प्रतिनियुक्ति 13. विदेश सेवा पर प्रतिनियुक्ति 14. विदेशों में प्रतिनियुक्ति 15. विविध।

17. – शक्तियों का प्रत्यायोजन

11. सिविल सेवा विनियम 12. वित्तीय शक्तियों का प्रत्यायोजन नियम 1958 13. एफ़. आर. एवं एस. आर. 14. जी.एफ़.आर. 15. केन्द्रीय कोष नियम 16. केन्द्रीय कार्य लेखा कोड 17. विविध।

18. – मानदेय

11. नियम (सामान्य) 12. समूह–क 13. समूह–ख 14. समूह–ख (अराजपत्रित) 15. समूह – ग 16. समूह–घ 17. विविध।

19. – पेन्सन / उपदान

11. नियम (सामान्य) 12. समूह–क 13. समूह–ख 14. समूह–ख (अराजपत्रित) 15. समूह–ग 16. समूह–घ 17. विविध।

20. – बजट आकलन / संशोधित आकलन

11. मांग संख्या .... 12. मांग संख्या .... 13. मांग संख्या .... 14. विविध।

21. – खर्च विवरण

11. मांग संख्या .... 12. मांग संख्या .... 13. मांग संख्या .... 14. विविध।

22. – सामंजस्य

11. मांग संख्या .... 12. मांग संख्या .... 13. मांग संख्या .... 14. विविध।

23. – पुनर्वियोजन

11. मांग संख्या .... 12. मांग संख्या .... 13. मांग संख्या .... 14. विविध।

24. – अनुपूरक स्वीकृति

11. मांग संख्या .... 12. मांग संख्या .... 13. मांग संख्या .... 14. विविध।

25. – लेखा और अंकेक्षण

11. रक्षी संचिका 12. अंकेक्षण आपत्ति और अकेक्षण पारा 13. आकलन समिति 14. स्थानीय अंकेक्षण (वार्षिक) 15. लोक लेखा समिति 16. भारत के आकस्मिक/आपात कोष से निकासी और क्षतिपूर्ति 17. अन्य विभागीय समिति 18. विनियोजन खाता 19. लेखा का लोक कार्य पद्धति 20. विविध।

26. – अग्रिम

11. कार अग्रिम नियम 12. वाहन अग्रिम नियम 13. साइकिल अग्रिम नियम 14. त्योहार अग्रिम नियम 15. अंतिम निकासी नियम 16. जी.पी.एफ़. अग्रिम नियम 17. आवास अग्रिम नियम 18. मोटर साइकिल/स्कूटर अग्रिम नियम 19. वेतन अग्रिम नियम 20. यात्रा भत्ता अग्रिम नियम 21. यात्रा रियायत नियम 22. अन्य अग्रिम नियम 23. कार अग्रिम की स्वीकृति 24. वाहन अग्रिम की स्वीकृति 25. साइकिल अग्रिम की स्वीकृति 26. त्योहार अग्रिम की स्वीकृति 27. जी.पी.एफ़. से अंतिम निकासी की स्वीकृति 28. जी.पी.एफ़. अग्रिम की स्वीकृति 29. मकान अग्रिम की स्वीकृति 30. मोटर साइकिल या स्कूटर अग्रिम की स्वीकृति 31. वेतन अग्रिम की स्वीकृति 32. यात्रा भत्ता अग्रिम की स्वीकृति 33. यात्रा रियायत अग्रिम की स्वीकृति 34. अन्य अग्रिम की स्वीकृति 35. विविध।

27. – भुगतान एवं वसूली

11. वायुयान किराया विपत्र 12. रद्दीकरण शुल्क 13. आकस्मिक खर्च 14. विद्‌युत शुल्क–वसूली 15. जी.पी.एफ़. वार्षिक विवरण 16. जी.पी.एफ़.– सदस्यता 17. सहायता अनुदान, अंशदान, और दान 18. आतिथ्य सत्कार कोश 19. मकान किराया और अन्य भत्ता 20. अंतिम वेतन प्रमाण-पत्र 21. अन्य वसूली 22. वेतन-दावा 23. स्थायी पेसगी 24. वापसी 25. जलपान विपत्र 26. किराया माँग विवरण 27. सेवा डाक शुल्क टिकट 28. यात्रा भत्ता या स्थानांतरण यात्रा भत्ता दावा 29. पानी विपत्र वसूली 30. विधि खर्च का क्षतिपूर्ति 31. विविध।

क्रियात्मक समूह "एच." – संसद

11. – संसदीय मामला

11. सामान्य 12. आश्वासन और घोषणा पत्र 13. समितियां 14. कटौती प्रस्ताव, सकल्प या लोक सभा का बुलावा चेतावनी सूचना 15. कटौती प्रस्ताव, सकल्प या राज्य सभा का बुलावा चेतावनी सूचना 16. लोक सभा प्रश्न 17. राज्य सभा प्रश्न 18. कानून 19. विविध।

12. – रिपोर्ट एवं विवरणी

11. पाक्षिक 12. मासिक 13. त्रैमासिक 14. छमाही 15. वार्षिक 16. विविध।

समाप्त –The End - इतिश्री

eOffice

A Digital Workplace Solution

आधुनिक कार्यालय सहचर

Modern Office Companion